PRATIQUE

GENERALE

DES

FORTIFICATIONS

*POUR LES TRACER
sur le papier & sur le terrain, sans
avoir égard à aucune methode particuliere.*

A MOULINS.

Chez **CLAUDE VERNOY**, Imprimeur
du Roy, & du College des RR. PP. Jesuites.

Avec Privilege du Roy. M. D. C. LXXIX.

A
MONSEIGNEUR
LE
DAUPHIN.

Monseigneur.

Il n'est pas extraordinaire à
des Livres comme celui-cy, de

a ij

porter à leur teſte le nom d'un Prince, & j'ay crû que je ne ferois rien contre le reſpect qui vous eſt deu, ſi ie prenois la liberté de vous le preſenter. Je ne le fais qu'aprés l'exemple de ceux de ma profeſſion même, que vous auez eu la bonté d'autoriſer, & s'ils ont plus de merite que moy, mes reſpects n'en peuvent eſtre que plus-profonds, & ma veneration plus-grande. C'eſt à la verité un bien petit Livre que je vous preſente; Mais j'ay crû que ſon ſujet vous le rendroit conſiderable; les gros livres ſeroient

EPITRE

souvent beaucoup meilleurs,
si leurs auteurs s'estoient donné
le tems de les faire plus petits, & si vous voulez bien
prendre la peine d'examiner
celui-cy, vous verrez qu'il
comprend assez de choses, &
que je m'acquitte assez parfaitement de ce que ie me
suis proposé. Je suis bien
éloigné de croire que vous
y puißiez rien apprendre
de nouveau : Je scay,
MONSEIGNEUR, que
les grands Princes, comme
vous, n'apprennent point ces
sortes de sciences dans les livres ; & vous avez toûjours

EPITRE

eu des perſonnes choiſies au-
prés de vous, qui vous ayant
trouvé capable des plus-bel-
les connoiſſances, ne permet-
tent pas que l'on aît même
la penſée que vous puiſſiez
rien ignorer. Que s'il arrivoit qu'apres avoir jetté les
yeux ſur ce petit ouvrage,
vous le jugeaſſiez digne de
vôtre approbation ; j'aurois
pour lors dequoy ſatisfaire
ma paſſion & mon zele ; puis
qu'apres avoir eu l'approbation d'un grand Prince, je
pourrois eſperer que mon Livre ſeroit pour ſeconder, en
quelque façon, les nobles in-

clinations du plus-grand &
du plus-belliqueux Monar-
que du monde ; je veux dire
du ROY, vôtre victorieux &
incomparable Pere, dont l'application dans les dernieres
guerres a esté de former par
ses exemples des Guerriers
invincibles. J'ay composé ce
Traité dans un païs, & sur
tout dans une Ville qui luy
en a toûjours fourny plus
qu'aucune autre ville de
France, à proportion de sa
grandeur, & qui luy a donné entr'autres des personnes
experimentées dans toutes les
parties du grand Art de la

guerre, que leur reputation
& les bien-faits de Sa
MAIESTE' font affez
connoiftre. C'eft ce païs,
MONSEIGNEUR, d'où
vos anceftres ont tiré leur ori-
gine; & comme l'on a vû de
tout tems, que l'élevation du
génie de fes Habitans, les porte fingulierement à la gloire
que l'on acquiert par les Ar-
mes; ç'a efté d'abord pour fa-
tisfaire à leur noble empref-
fement, que j'ay entrepris
d'écrire ce Traité, qui comprend une des principales parties de la fcience Militaire.
Ie l'ay fait avec d'autant plus

EPITRE.

d'ardeur, que j'ay cru me conformer en cela aux ordres de Sa MAIESTE' ; & cette consideration fera peut-estre que vous serez plus persuadé de mon zele, & de la tres-profonde veneration avec laquelle je suis,

MONSEIGNEUR,

Vôtre tres-humble tres-obeïssant
& tres-fidelle serviteur
P. Ango, de la Comp. de Jesus.

PERMISSION.

JE souſſigné PROVINCIAL DE LA COMPAGNIE DE JESUS, en la Province de France, permets à CLAUDE VERNOY Imprimeur du Roy & Marchand Libraire, d'Imprimer un Livre intitulé LA PRATIQUE GENERALE DES FORTIFICATIONS, Composé par le P. PIERRE ANGO, Religieux de nôtre Compagnie ; lequel a eſté revû par trois Mathematiciens de la même Compagnie. FAIT à Paris le 15. May 1678.

PIERRE DE VERTHAMON.

Fautes survenuës à l'Impreſſion.

Dans l'Avertiſſement.

Pag. 4. lign. 2 *liſez* Comte.
Dans le corps du Livre.
p. 2. l. 11. *liſez* rapporter.
p. 14 l. 9. *liſez circumferentia.*
p. 18. l. 10. *liſez faſcia.*
p. 56. l. 1. *liſez* Si,
p. 62. *à la dernière ligne, liſez* belliers.
p. 67. l. 18. *liſez* ranger.
p. 68. l. 1. *liſez* cavaliers.
p. 77. l. 18. *liſez* rappeller.
p. 62. On a deu mettre à la marge. *voyez* la figure 16.
p. 140. l. 16. *liſez* 21. toiſes 4. piés.
p. 141. *au chyfre de l'addition, liſez XXCIX.*
p. 144. l. 4. *liſez*, que celles que l'on tire d'abord par la pratique generale, pour &c.
p. 163. l. 7. *liſez*, qu'on doit conſiderer comme des leviers, &c.

AVERTISSEMENT.

 E ne prétens pas vous donner icy aucune invention nouvelle de fortifier les places, par des Baſtions d'une façon extraordinaire & ſinguliere, à laquelle je veüille m'arrêter ; j'ay remarqué que ce qui fait l'embarras de la pluſpart des Auteurs qui ont écrit des fortifications, n'eſt que l'attachement qu'ils ont à de certaines maximes particulieres qui les obligent à faire toû-

é

jours dans toutes les places, de quelque qualité & grandeur qu'elles foient, des Baftions de la même figure ; & c'eft pour éviter cet embarras, que j'ay fuivi une autre methode, qui a quelque chofe de l'Italienne ; mais que j'ay traité d'une maniere plus étenduë, & que j'appelle pour cela *La pratique generale des fortifications*, parcequ'elle n'a pour principe aucune des maximes, que l'on fuit dans les methodes particulieres, & qui les diftinguent les unes des autres.

Il y a des Auteurs qui fe font contentez d'apprendre feu-

lement les termes de cet Art :
la plufpart des autres ont entrepris de le traiter à fond. Les premiers en font demeurez à l'Alphabet, & les autres ne fe font pas
affez abaiffez pour inftruire ; ou
s'ils l'ont voulu faire, ils n'y ont
pas bien réüffi, parcequ'ils n'ont
pas eu des idées affez fimples,
& qu'ils n'ont pû les avoir,
aprés s'être engagez , comme
l'on a dit, à fuivre des maximes & des methodes particulieres , qu'ils ont tirées de certains principes qui les ont trom-
pez , & qui ne font pas naturels
à cet Art, qui fe trouve enfuite
rempli de myfteres inutiles & de

beaucoup de confusion.

Le Compte de Pagan auoit à peu-prés rencontré la veritable idée que l'on doit suivre pour l'éuiter ; mais il a affecté certaines nouveautez qui l'ont jetté dans de nouuelles difficultez. J'ay pris quelque chose de son idée, sans m'attacher à ses nouvelles pensées, & je crois que ceux qui liront ce traité jugeront que cette idée, de la mahiere que je l'ay prise est en effet la plus simple & la plus naturelle que l'on puisse avoir pour donner à cet Art toute la netteté & tout l'ordre possible.

Au reste je ne prétens tirer

aucun avantage de cet écrit ; il n'y a rien proprement que je veüille m'attribuer ; je n'ay fait qu'ajoûter aux inventions d'autruy ce que j'ay crû qu'il y manquoit, pour les rendre plus utiles & plus universellement bonnes.

Toute la gloire que j'en veux tirer, est uniquement celle d'obéïr aux ordres du plus grand & du plus sage de tous les Monarques, qui a souhaité que l'on apprît l'Art de fortifier, par des livres & par des instructions publiques dans les Escoles, à ceux, à qui il s'est réservé d'apprendre bien mieux par ses

exemples, le grand Art de toû-
iours vaincre.

On ne laiffe pas de dire tout
ce qu'il y a de fin dans cet Art,
& l'on en découvre même plus
particulierement les plus fecrets
myfteres, pour ceux qui ont quelque commencement de Geometrie, & qui ont lû du moins les
fix premiers livres d'Euclide;
mais cela fe fait à part; & ceux
qui ne les auront pas lûs, devront
fe contenter d'apprendre fimplement à faire des deffeins de fortifications, par les pratiques faciles qu'on leur en donnera,
fans perdre leur tems à lire les
demonftrations de Geometrie

sur lesquelles ces pratiques sont fondées, ou qui découvrent des principes, d'où l'on peut en tirer d'autres ; car ils n'auroient pas la satisfaction de les entendre.

LA
PRATIQUE
GENERALE
DES
FORTIFICATIONS.

POVR EN TRACER DE toutes les manieres, sur le papier & sur le terrain, sans s'attacher à aucune methode particuliere.

N verra par ce Traité que l'on peut observer exactemét toutes les maximes du grand Art de fortifier, sans

1. Les maximes de l'art de fortifier ne demandent

A

s'attacher à aucune de ces fameuses methodes, pour quelqu'une desquelles, je ne vois presque point d'Auteur, qui ne se soit déclaré ; car il ne faut pas s'imaginer qu'ils ayent tous des manieres differentes de fortifier : il n'y en a proprement que deux ou trois, comme je le diray dans la suite ; & je feray voir que l'on peut y raporter toutes les autres.

Je ne parleray donc de ces differentes methodes, que pour faire connoître, que j'ay eu raison de ne point prendre party ; & que pour faire conçevoir qu'il est en effet tres-souvent inutile de s'y attacher, & que la maniere generale que je donne icy, pour tracer des desseins

de fortification , n'ayant pour l'on don-
principe aucune des maximes ne icy.
particulieres qu'ont fuivy les
Auteurs de ces methodes , elle
doit par confequent eftre exem-
pte de tous les defauts qui s'y
peuvent rencontrer , & que l'on
y a trouvé.

On pourroit à la verité quelque-fois fe conformer en quelques chofes à quelqu'une de ces
methodes particulieres : mais en
cela même il paroîtra, que la
methode que l'on fuit icy, eft
en effet une methode generale :
qui, fans s'aftraindre à rien de
particulier, prend par tout ce
qu'il y a de meilleur pour s'en
accommoder. On parlera donc
encore à ce deffein des metho-

des particulieres, & l'on donnera icy tout l'eclairciſſement &
toute la facilité que l'on pourroit deſirer, pour entendre &
pour pratiquer tout ce que les
Auteurs en diſent, quand on ju-
gera à propos de s'y conformer en quelque choſe.

Il faut commencer d'abord
par vous faire connoître toutes
les parties d'une place fortifiée,
& par vous dire les noms de
chacune des figures qu'on leur
donne, & de toutes les lignes
qu'on employe pour les tracer.

III.
Les
noms
de cha-
cune des
figures

Pour ce qui eſt de la figure
des Places, elle eſt, ou en triangle, ou en quarré, de 5. 6. 7. ou
de tant de côtez égaux que l'on
veut (car je ne parle à préſent

que des places regulieres) dont les figures doivent eftre regulieres, & avoir tous leurs côtez & tous leurs angles égaux.

Ces fortes de figures s'appellent communément des Polygones, parce qu'elles ont plufieurs angles ; & les places regulieres, felon le nombre des angles de leur figure, s'appellent, ou des triangles, qui en ont trois ; ou des quarrez, qui en ont 4 ; ou des pentagones, qui en ont 5 ; des hexagones, qui en ont 6 ; des heptagones, des octogones, des enneagones, des decagones, des endecagones, & des dodecagones, qui en ont 7. 8. 9. 10. 11. & 12. On ne va pas ordinairement plus loin,

quo l'on donne aux places.

A 3

parceque ces dernieres places font d'une tres - grande eftenduë.

IV.
Les noms de toutes les parties d'une place fortifiée, & de diverfes lignes dont il faut avoir la connoiffance.

Les Baftions font les corps marquez des lettres *o. l. b. i. r*: *g. h. c. m. n.* d'une figure particuliere , & comme en lozenge, qui font aux angles des polygones,& dont les pointes fe terminent fur les diametres des mêmes polygones prolongez; d'où vient que l'on en diftingue de deux fortes dans les places regulieres , l'un interieur, comme *6. e. d. 7.* fur les côtez duquel font les Baftions, & l'autre exterieur, comme *8. b. c. 9.* qui renferme tous les Baftions de la place. Les demi-diametres du polygone inte-

rieur, font *a. e : a. d.* La lifte
qui fuit vous apprendra les

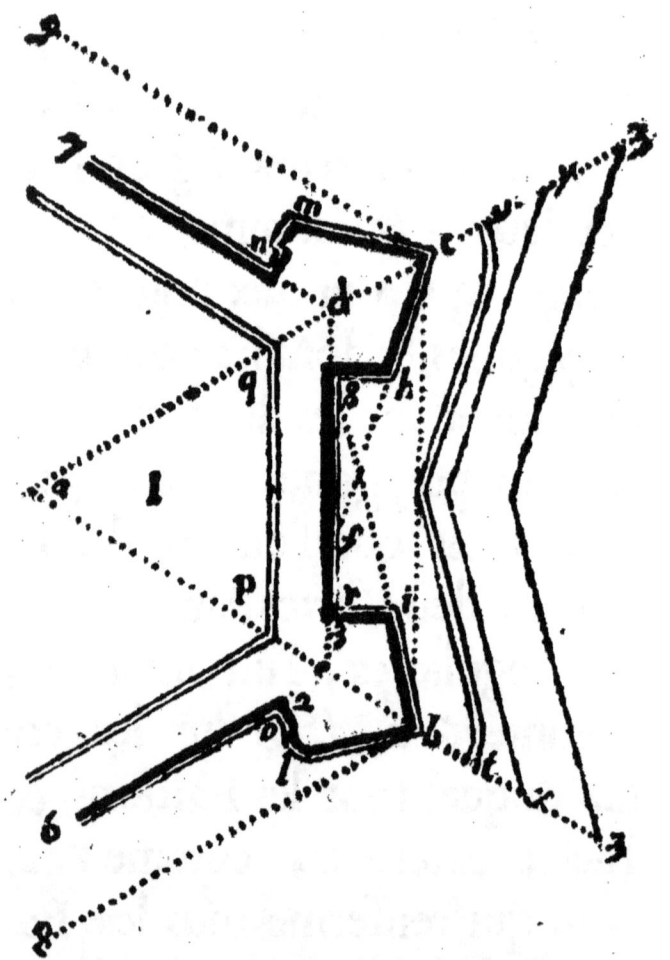

noms de toutes les autres lignes , aufli bien que de tou-

tes les parties des Baſtions &
du reſte du corps de la place.

g. b. & *c. f.* ſont les lignes
de défence, ou *razantes* parce
qu'elles raſent la face des Baſtions, & vont ſe terminer ou
ſur la Courtine, comme fait icy
c. f. ou à l'angle que fait le
Baſtion oppoſé à celuy dont
elles viennent, avec la même
Courtine, comme fait *b. g.*

Les flancs des Baſtions, *ala,*
ſont *i. r.* & *h. g.* Quand la ligne de défence tombe ſur la
Courtine, la partie de la Courtine qui eſt depuis cette ligne
juſqu'au Baſtion, s'appelle le ſecond flanc, *ſecunda ala,* & pour
lors le flanc du Baſtion ſe nomme flanc fichant, *ala figens,* autrement

trement elle s'appelle flanc ra-
zant, *ala stringens* ou *radens*, parce que les coups que l'on tire
de ce flanc, ne peuvent entrer
dans le baſtion opposé, comme ceux de l'autre façon de
flanc y peuvent entrer , & incommoder les ennemis qui y
auroient fait un logement.

e. b. eſt la ligne capitale, *li-
nea capitalis* ; *r. p* : *g. q.* eſt le
rampart qui entoure toute la
place, *vallum*, & la partie de ce
rampart, qui eſt compriſe entre
deux baſtions, ſe nomme la
courtine, *cortina.*

h. c : *b. i.* ſont les faces des
baſtions *facies propugnaculorum.*

b. i. r : *g. h. c.* ſont les angles flanquans, *anguli defenden-*

B

tes feu defensionis. On les appelle encore angle faillans, *anguli exteriores*; où il faut remarquer, qu'on nomme toûjours trois lettres pour marquer un angle; parce qu'il est composé de deux lignes, qui se joignent en un point, qui est toûjours marqué par la lettre du milieu.

Il y a quelque-fois sur ces angles un épaulement marqué *m.n. humerus*, & quelquefois un orillon, marqué *l. o. auricula*; l'orillon est en rond, & l'épaulement quarré; l'un & l'autre est pour mettre le canon du flanc des bastions à couvert : mais l'orillon a plus de resistance.

l. b. i : h. c. m. sont les angles flanquez, *anguli defensi.*

i. r. f. : h. g. f. sont les angles rentrans, *anguli interiores,* ou les angles de tenaille *anguli forcipis.*

2. *e.* 3. marquent la gorge du bastion, *collum propugnaculi*
3. *e.* est la demi-gorge, *semi-collum.*

Ayant divisé le flanc du bastion qui est, aussi bien que la demi-gorge, de 22. ou 23. toises (comme on le dira plus bas) en 3. parties égales; on en prend deux pour l'orillon, & l'on pratique dans le reste du flanc, qui est de 7. à 8. toises, une place basse marquée 3. qui peut loger deux ou trois canons ; parce qu'on peut un peu détourner en dedans la ligne de la demi-gor-

voyez la 2. figure.

r. Place basse & son utilité.

B 2

ge & dérober encore une ou deux toiles dans l'espaisseur du rampart, afin d'avoir dans ces places, neuf à dix toises de front, qui sont précisement ce qu'il faut pour trois canons. Cette place a son parapet de deux ou trois toises, & six toises de profondeur, quatre ou cinq pour le recul du canon, & une ou deux pour des voûtes que l'on pratique sur le derriere, pour y mettre à couvert les munitions & les instrumens qui servent à l'Artillerie. Dessus cette place il reste encor assez de terrain, pour mettre trois autres canons dans le reste de l'espace de la demi-gorge; & ainsi l'on a comme deux places, l'une haute & l'autre baſſe, qui peuvent contenir en tout, ſix ca-

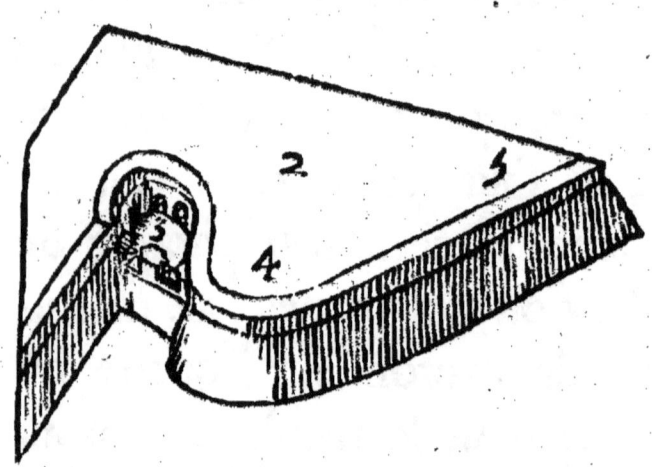

nons pour défendre le foſſé. Autrefois la place baſſe , que l'on appelloit la *Caſematte* , eſtoit toute voûtée , & l'autre eſtoit immediatement deſſus ; mais la fumée qui ſe renfermoit dans la voûte de la Caſematte, la rendoit preſque inutile , & en renverſant cette voûte , on détruiſoit toutes les deux places : c'eſt

B 3

pourquoy on a changé de methode. Vous voyez la represen-
tation de ces deux places dans
le demi-baftion marqué 345.
en la 2. figure.

Voyez la 2. figure. *e. a. d* eft l'angle du centre,
angulus centri e. d. 7. eft l'angle
de la circonference *angulus cir-
conferentiæ.*

b. t. u. c. marquent le fofsé,
fofsa.

t. x. y. u. marquent le chemin
couvert, qu'on nomme autrement le *coridor*, qui eft fur la
contrefcarpe, *via tecta.*

x. ab. y. z marquent le glacis
ou l'efplanade, *clivus exterior.*

Le refte des noms que l'on
donne aux parties d'une place
fortifiée, fe doit apprendre par

une autre figure, qui marque l'é-
levation des ouvrages & leur
veuë de profil. La premiere figure n'en reprefente que le feul
plan : c'eft à dire, qu'elle ne fait
voir que le feul veftige des fortifications, qui s'élevent diver-
fement, & qui font voir, dans
leur élevation, des parties, que le
plan ne peut pas reprefenter.

La ligne *a. x.* eft la ligne de
rez-de-chauffée, qui reprefente
la furface de la campagne égale
& uniforme, fur laquelle les fortifications doivent eftre élevées,
planities horizontalis.

a. b. z. l. marquent l'épaiffeur
& l'élevation du rampart ; & *a.*
b. le talud interieur du même
rampart, *erifma interius, incli-*

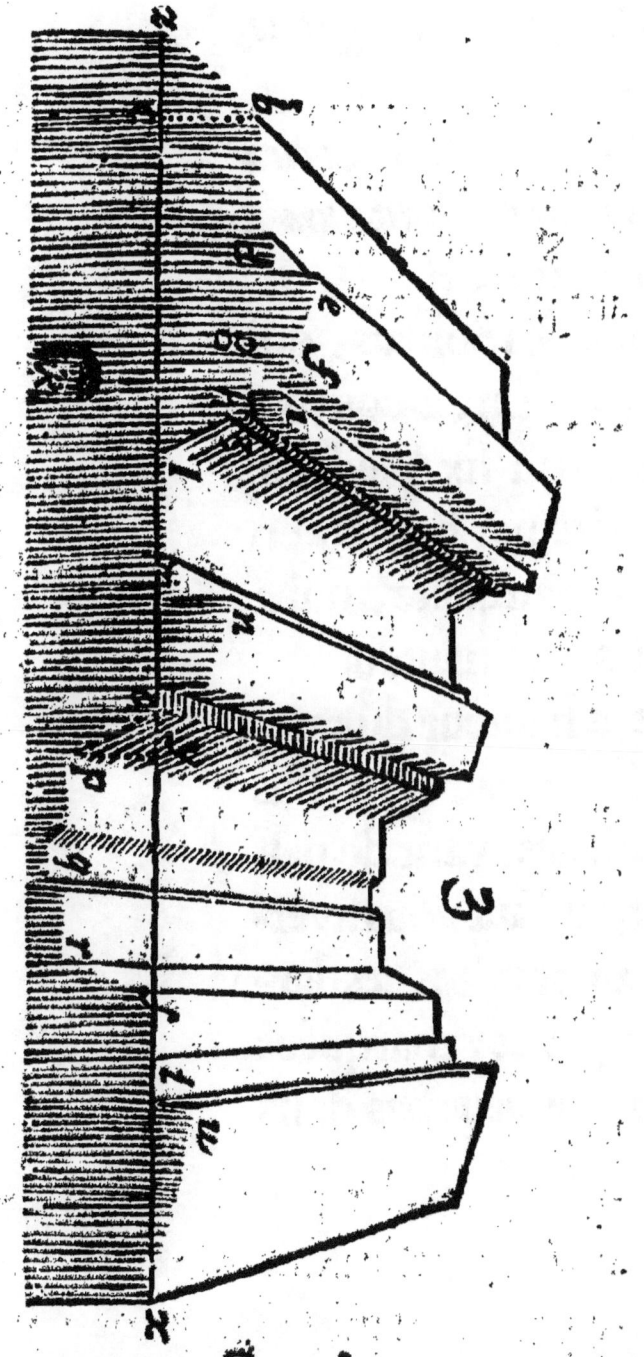

natio & ascensus acclivis aggeris.

b. d. le terreplain ou la plate-forme, *planities superior aggeris, statio vallaris.*

d. e. f. g. le parapet , *Lorica valli.* La banquéte, *scamnum , gradus*, est marquée *d.*

Le parapet met les Soldats, qui sont sur le terreplain, à couvert de l'ennemy ; il a six pieds de haut, & l'on tire par dessus, en montant sur la banquéte, qui a un pied & demy de hauteur.

b. c. marque la hauteur du rampart & *b. z.* sa largeur au dessus du terreplain. Mais avant de passer plus avant, il faut vous avertir que ces hauteurs & ces largeurs ne sont pas icy marquées au juste, on ne le peut pas dans

un si petit espace. Cette figure,
aussi bien que l'autre, n'est que
pour vous apprendre les termes
& l'alphabet de cét art.

g. h. i. z. marquent le chemin
des rondes, *ambulacrum vigilum*, avec son parapet marqué
h. i. z.

z. marque le cordon de la
muraille, *muralis faßia. z. l.* en
marquent le talud, *erisma exterius valli.*

z. l m. n. marquent la fausse-braye, *succinctum valli, statio
promuralis.*

On ne fait point quelque fois
de chemin des rondes, & l'on
n'en peut faire, quand le rampart est de terre; on ne fait pas
aussi quelquefois de fausse-braye;

mais il est à propos de pratiquer toûjours une avance au delà du parapet en dehors, qui soit large de 4 ou 5. pieds, & qui serve à recevoir les ruines du même parapet, & à le reparer plus facilement. Cette avance, dérobée dans l'épaisseur du mur, s'appelle la berme, *margo promuralis.*

m. n. o. marquent le parapet de la fausse-braye *O,* marque la berme, dont on vient de parler.

o. p. r. s. le fossé ; *o. p.* l'escarpe, *erisma interius,* ou, *lorica interior fossæ* ; *r. s.* la contrescarpe, *erisma exterius fossæ. q.* marque une petite trenchée ou un petit canal plein d'eau au milieu du grand fossé, quand il est sec. Ce canal s'appelle lacunete, *lacuna, cuppu-*

la. p. y. est la profondeur du fossé ; *o. s.* la largeur du fossé par le haut ; *p. r.* la largeur du fossé par le bas.

s. t. marquent le Coridor ou le chemin couvert sur la contrescarpe, *t.* la banquéte ; *t. u.* le parapet ; *u. x.* le glacis, ou l'esplanade. *k.* est le lieu de la contremine , qui est une galerie soûterraine de 6. pieds de haut & de 3. pieds de large, qui va tout au tour de la place, au bas & en dedans de la muraille, ce qui l'affoiblit beaucoup, si l'on ne prend garde à la fortifier d'ailleurs.

Vous apprendrez suffisamment dans la suite de ce traité l'usage de toutes ces differentes parties de fortification, & il n'est pas neceſſaire d'en rien dire icy : mais comme mon intention eſt particulierement de vous apprendre à faire des deſſeins de places fortifiées ſur le papier, pour les tracer enſuite ſur le terrain, je ne dois pas manquer, de vous faire remarquer avant toutes choſes, qu'il eſt abſolument neceſſaire, pour faire ces deſſeins, de bien comprendre ce que c'eſt que le profil & le plan d'une place.

L'un & l'autre n'eſt pas malaiſé ; car le plan, que l'on appelle autrement *l'ichnographie*, n'eſt rien autre choſe que la repreſentation de la figure, que les murailles de la place impriment ſur le terrain, ou que l'on conçoit qu'elles y doivent imprimer. Le

VI.
Ce que c'eſt que le profil & le plan d'une place.

profil , que l'on appelle auffi
l'Ortographie, marque leur élevation & la figure que font exterieurement toutes leurs furfaces ;
l'un & l'autre eft reprefenté dans
les deux figures précédentes ,
dont la premiere reprefente le
plan, & la feconde le profil des
murailles d'une place fortifiée.
Les Geometres l'expliquent d'u-
ne autre façon, qui, à mon fens,
n'eft pas plus intelligible. Ils di-
fent que le plan eft la commune
fection des murailles de la place
& d'une furface que l'on concevroit les couper horizontalemét;
& au contraire, que le profil eft
la commune fection de ces mêmes murailles & d'une furface
que l'on concevroit les couper

verticalement & à plomb.

Quoy-qu'il en foit de cette no-
tion des Geometres, il eft neceffaire de marquer dans deux
deffeins feparez ce profil & ce
plan, en reduifant l'un & l'autre au petit-pied, comme nous
le dirons dans la fuite ; autrement on ne pourroit rien comprendre ny de la figure de la
place, ny de celle de fes ram-
pars & des autres ouvrages.

Il y a une troifiéme façon de
reprefenter la figure que font
exterieurement les furfaces des
murs, en reprefentant effectivement ces mêmes furfaces, par le
moyen des ombres & des jours,
comme vous voyez que j'ay reprefenté une partie du rampart,

VII.
Ce&que
c'eft que
la Sceno-
graphie
d'une
place.

& du fofsé dans la troisiéme figure, & un demi-baftion dans la 2. Mais nous dirons à la fin de ce traité ce qu'il faut fçavoir pour cette troifiéme forte de reprefentation, que l'on appelle la *Scenographie* de la place, & dont il n'eft pas neceffaire abfolument de faire un deffein particulier, où tout foit reprefenté, quoyque d'ailleurs il foit tres-difficile fans cela de faire entendre, comme doivent eftre conftruites certaines parties, qui demandent plus de façon que les autres, comme font, par exemple, les flancs des baftions.

VIII.
Ce qu'il
faut fça-
Il ne fuffit pas de fçavoir ce que c'eft que le profil & le plan d'une fortification, pour en faire des

re des desseins; il faut sur tout *voir pour*
avoir appris l'art de fortifier, & *faire des*
en sçavoir les maximes genera- *desseins*
de forti-
les & particulieres. Seconde- *fications.*
ment il faut sçavoir l'Art de
reduire, & de tracer sur le
papier, ou ailleurs toutes sortes
de figures, & toutes sortes de
grandeurs.

Les maximes generales, qui
doivent regler tout l'artifice de *I X.*
fortifier, sont celles-cy. Que la *Les ma-*
ximes ge-
place coûte le moins qu'il se *nerales de*
peut à bâtir. Qu'elle compren- *l'art de*
fortifier.
ne beaucoup d'espace dans la
plus petite enceinte qu'il est possible. Qu'il faille peu de machi-
nes & peu de Soldats pour la défendre. Toutes les autres loix
particulieres sont prises de ces

maximes generales, & elles n'en font proprement que des applications differentes. Les voicy toutes en peu de mots, comme je les ay ramaſſées des auteurs qui ont écrit ſur cette matiere.

X.

Les ma-
ximes par-
ticulieres,
qui regar-
dent la
figure &
le corps
de la pla-
ce.

Premierement. Les places qui ont un plus grand circuit, à proportion de l'eſpace qu'elles contiennent, ſont les moins bonnes; parce qu'il faut plus de monde pour les défendre, & qu'elles donnent plus de priſe aux attaques des ennemis.

Secondement. Il faut toûjours donner à la place une figure reguliere, ou la plus approchante qu'il ſe peut faire de la figure reguliere, quand on ne peut pas faire autrement, & que l'on eſt contraint par la difpofitio.. .. lieu. La raifon eft que la figure reguliere; de même circuit avec quelque autre figure irreguliere que ce foit, contient toûjours plus d'efpace; comme on le de-monftre en Geometrie, & com-me on le peut voir aifément, par la comparaifon des deux quar-rez *a. b* : *e. f.* dont les côtez font égaux, & dont le dernier, par-ce qu'il eft irregulier, & en lofenge, enferme beaucoup moins d'efpace.

X I.

Figure
reguliere
contient
plus d'ef-
pace.

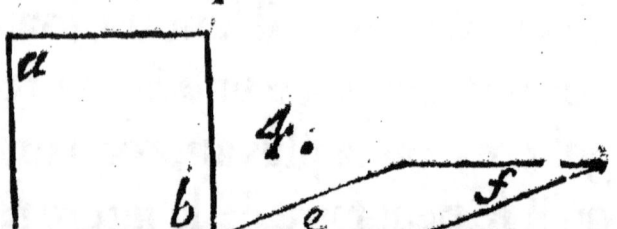

Il eft vray que s'il eftoit com-pris entre deux mêmes paralleles avec l'autre, & qu'il eût la même baze, il enfermeroit un aussi grand espace; * mais pour lors son circuit seroit plus grand, & l'on démontre, qu'il pourroit croître jusqu'à l'infini, sans renfermer un plus grand espace. Ce que j'ay dit des deux quarrez, que j'ay proposez pour exemple, se doit entendre également de toutes sortes d'autres figures regulieres, comparées avec des irregulieres de même circuit.

* prop. 37. du 1. liv. d'Euclide.

Troisiémement il faut plus de monde à proportion, pour défendre une petite place, qu'il n'en faut pour en défendre une plus grande, & cependant la plus grande en contient toûjours

XII. *Avantages des grandes places.*

davantage à proportion. Cela
se peut encore aisément concevoir par le moyen des deux quar-
rez *a. e. a. f.* car *a. e.* n'a qu'une
fois plus de cir-
cuit que l'au-
tre, & cepen-
dant il con-
tient trois fois
plus d'espace.
De-là il faut conclure que les
grandes fortifications sont toûjours preferables aux petites, &
aux mediocres (car il y en a de
ces trois façons dans les auteurs)
& qu'elles pourroient même, à
proportion, coûter beaucoup
moins à bâtir ; si ce n'est qu'on
ne veüille dire, que les bastions
d'une grande place, devroient à

C 3

proportion eftre plus grands. Quoi-qu'il en foit, je ne crois pas que cela pût empécher, que cette derniere propofition que j'ay avancée, ne fût veritable.

XIII.
Angles rentrans defec- tueux.

Quatriémemement. Tout le refte eftant égal, il eft vray, abfolu- ment parlant, que de deux pla- ces de même circuit, celle qui a moins d'angles rentrans eft la meilleure; La raifon eft qu'il faut autant de monde pour garder l'une, que pour garder l'autre, & qu'il fe pourroit faire que cel- le qui auroit des angles rentrans, coûteroit encore plus à bâtir que l'autre, parce qu'elle auroit be- foin de plus de baftions, & mê- me auffi de plus de monde pour la défendre , quoiqu'elle n'en

pût pas tant contenir. Tout cela
paroîtra évident par les deux figures *a. e* : *g. f. e. d. c. b.* dónt la
derniere a un angle rentrant *e. f.*
g. Je ne parle icy que du corps

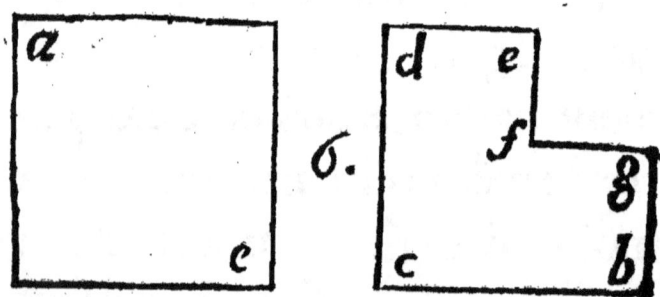

de la place, à l'égard duquel
voila à peu prés les regles particulieres qu'il faut obferver. Elles
confirment toutes la pratique ordinaire que l'on fuit, de donner
toûjours à une place, autant
qu'on le peut, une figure reguliere; & c'eft pour cela, qu'avant
de paffer plus outre, il faut vous

donner la methode de tracer ces sortes de figures ; c'est à dire, de décrire des polygones de toutes les façons : car c'est par là qu'il faut commencer , quand on veut faire le dessein d'une place. Nous dirons ensuite, comment il faut eriger dessus des bastions, & nous en donnerons aussi les regles particulieres.

XIV.
L'Ordre & la division de ce Traité.

On ne peut pas décrire toutes sortes de polygones avec la mê-me facilité ; il y en a même pour la description desquels on ne peut pas donner de regles preci-ses, ny par la Geometrie ny par le calcul ; on démontre bien en Geometrie, la methode de divi-ser un cercle en 6. en 4. en 3. en 5. & en d'autres nombres, qui

XV.
Il n'y a point de regle certains pour la description de certains polygo-nes.

font doubles de ceux-cy, ou au
deſſous d'autres plus grands, qui
en ſont compoſez ; on dit bien
auſſi combien de degrez, ou
combien de parties du cercle
contiennent les angles du centre, & les angles de la circonference des figures & des polygones, qui naiſſent de ces diviſions
(car tout polygone regulier ſe
doit décrire par le moyen d'un
cercle, que l'on diviſe en pluſieurs parties égales) mais il ſem-
ble que comme on ne peut pas
déterminer préciſement par le
calcul, combien de parties du
cercle comprennent les angles
du centre des heptagones & des
endecagones : il y a auſſi une im-
poſſibilité réelle d'en détermi-

ner les côtez par la Geometrie. Quoy-qu'il en foit, il eft conftant que perfonne n'a encore donné aucune methode jufte pour les décrire, non plus que pour en décrire plufieurs autres d'un plus grand nombre de côtez : vous ferez auffi fçavant que les Maîtres quand vous pourrez les décrire par les regles que je vais vous en donner.

XVI. La defcription de l'Hexagone, du Triangle & du Dodecagone. Il n'y a point de difficulté pour les hexagones, les triangles & les dodécagones. De la même ouverture de compas dont vous aurez décrit vôtre cercle (ce qu'il faut toûjours faire d'abord) vous aurez un hexagone ; il ne faut que le conduire fur la circonference du cercle en cét eftat, &

tirer des lignes droites, qui joignent chacun des points qu'il y marquera. Pour le triangle il ne faut pas tirer des lignes droites qui joignent chacun de ces points ; il en faut laisser un entre deux, en joignant seulement le premier avec le troisiéme, le troisiéme avec le cinquiéme, & celui-cy avec le premier.

Il n'est pas plus mal-aisé de tracer le dodécagone, il ne faut qu'ouvrir le compas, en sorte qu'il fasse un peu plus de la moitié d'un des côtez de l'hexagone, & applicant une des pointes sur châcun des points, où se terminent les côtez, tracer vers le milieu de ces mêmes côtez deux petits segmens de cercle, qui

s'entrecoupent ; car en tirant des
lignes par les points ou ces segmens s'entrecoupent, on divi-
sera le cercle en douze parties
égales, & chacun des côtez de
l'hexagone en deux.

Vous en avez la pratique dans
la figure qui suit, où le compas
estant appliqué en *a*, on a mar-

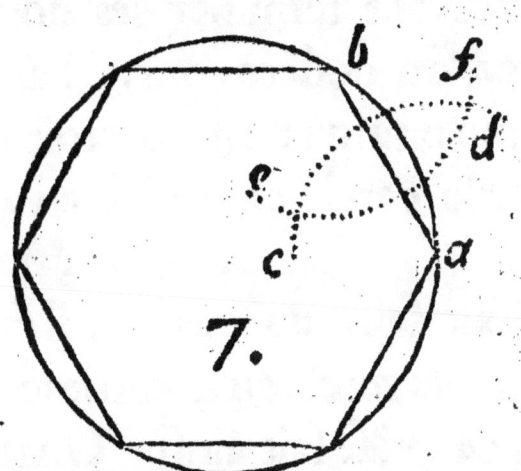

qué le segment *c. d.*, & le segment *e. f* en appliquant le compas en *b*. Je dis donc qu'en fai-

fant la même chofe fur chacun des côtez (il n'eft befoin de le faire que fur trois feulement) & en tirant des lignes droites par les points où les fegmens s'entrecoupent, qui traverfent tout le cercle, on le divifera en douze parties égales : c'eft à dire, qu'on y marquera les points où fe doivent terminer les douze côtez du dodecagone. Par la même pratique on pourroit divifer le cercle en 24. & en 48. &c.

Pour faire un quarré , il faut divifer le cercle en 4 parties égales ; ce qui fe fait ainfi. On tire le diametre *a. b.* puis ouvrant le compas à peu prés de la longueur de ce diametre, ou plus fi

XVII.
Defcription du quarré.

Reliure serrée

l'on veut, on en applique un
des pointes en *a.* & puis en *b.*

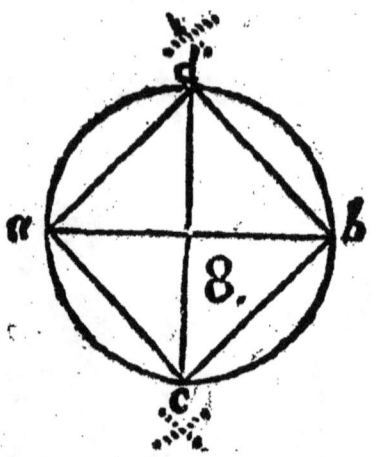

en traçan
à chaque fo
un fegmen
de cercl
Enfin par l
points *c.*
d. où ces fe
mens fe cro
fent, on tire une perpendicu
laire qui divife le cercle e
quatre, & qui marque avec l
diametre les points, où fe doi
vent terminer les côtez du quarré, que l'on peut marquer enfuite, en joignant ces quatre
points par quatre lignes droites.
On peut par la pratique précedente divifer le cercle en huit,

& décrire l'octogone, & par le moyen de l'octogone, une figure de 16. côtez, & par le moyen de celle-cy, une autre de 32. &c.

Voicy une autre pratique, pour décrire le pentagone. Il faut diviser le demi-diametre *a. g.* en deux parties égales, & du

XVIII. *Description du pentagone.*

point *c.* décrire un segment de cercle qui passe

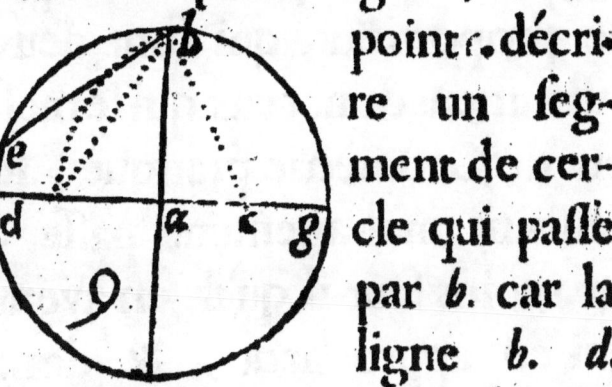

par *b.* car la ligne *b. d.* transportée en *b. e.* fera la cinquiéme partie du cercle, & le côté d'un pentagone. Le decagone se peut décrire ensuite fort aisément par la pratique que l'on a déja donnée pour décrire les dodecagones les octogones & les triangles.

XIX. *Les heptagones, les enneagones & les endecagones se décrivent par le moyen du Quart de cercle, ou du Compas de proportion.*

Il ne reste plus que les heptagones, les enneagones & les endecagones, qui ne peuvent pas se décrire par les pratiques précedentes: il faut avoir recours au Quart-de-cercle, ou au Compas de proportion, qui sont deux instrumens dont ceux qui se meslent de Geometrie pratique, se peuvent mal-aisément passer, du moins faut-il qu'ils en ayent qui en approchent, & dont l'usage n'est pas si different de ceux-cy, que quand on sçait se servir des uns, on ne sçache à peu prés se servir des autres.

Il est donc à propos de dire quelque

quelque chofe de ces deux in-
ftrumens, & d'en apprendre l'u-
fage, autant qu'il eft neceffaire
pour ce que nous en avons de
befoin. J'en diray davantage
dans la fuite ; à prefent ce fera
affez d'expliquer comment on
peut s'en fervir pour décrire les
polygones.

Le Quart-de-cercle, que l'on
appelle auffi le Quart-de-nonante, eft en effet la quatriéme
partie du cercle , gravée fur le
cuivre, ou imprimée fur le papier, que l'on cole enfuite fur
une planche bien propre, pour
s'en fervir. Il doit eftre divifé en
nonante parties égales, que l'on
appelle auffi degrez, par des lignes qui aillent du centre du

XX.
Ce que
c'eft que
le Quart
de cercle.

D

cercle jusqu'à fa circonference ;

& pour avoir les minutes, ou les

fractions de ces mêmes parties,
par exemple, jufqu'à une fixiéme, il faut outre cela tracer fix
cercles à l'extremité de cét inftrument, qui foient à égale diftance l'un de l'autre, & paralleles entre-eux ; enfin il faut tirer
dans l'efpace de ces fix cercles
des lignes diagonales entre celles qui font la feparation des degrez , comme vous voyez que
l'on a fait au Quart-de-nonante
a. e. f. qui eft propre pour décrire toutes fortes de polygones. Il
ne faut que chercher dans la table fuivante, combien l'angle de
celuy que l'on veut décrire contient de degrez, & faire enfuite
fur le Quart-de-nonante ce que
je vais dire.

D 2

XXI.
Comment
on trouve
les fra-
ctions des
degrez
fur le
quart de
cercle.

XXII.
l'ufage
du quart
de cercle
pour la
defcriptiõ
des Poly-
gones.

TABLE
DES DEGREZ
que comprend l'angle du centre de chaque Polygône.

Le Triangle.	120.
Le Quarré.	90.
Le Pentagone.	72.
L'Hexagone.	60.
L'Heptagone.	51. $\frac{3}{7}$
L'Octogone.	45.
L'Enneagone.	40.
Le Decagone.	36.
L'Endecagone.	32. $\frac{8}{11}$
Le Dodecagone.	30.

Par exemple, si on veut décrire un enneagone, il faut d'abord
faire un cercle sur son papier, de
la grandeur qu'on veut luy donner, & de la même ouverture
de compas dont on aura décrit
ce cercle, en faire un semblable
b. d. sur le Quart-de-nonante, applicant une des pointes du compas au centre de l'instrument :
aprés cela, comme l'angle du
centre de l'enneagone comprend 40. degrez, ainsi qu'il paroît par la table, il faut appli-
quer une des pointes du compas
sur le point *b.* & estendre l'autre
jusqu'au quarantiéme degré; c'est
à dire jusqu'à *c.* puis transporter
cette ouverture de compas sur
la circonference du cercle qu'on

XXIV.
Descri-
ption de
l'ennea-
gone.

D 3

a décrit d'abord sur le papier ; elle s'y trouvera justement 9. fois, & y marquera les points ou se doivent terminer les côtez d'un enneagone.

S'il y avoit quelque fraction outre les degrez, comme il y en a pour l'heptagone, dont l'angle du centre comprend 51. degrez $\frac{3.}{7.}$, il faudroit considerer

que $\frac{3.}{7.}$ parties d'un degré, qui contient 60. minutes, font 24′.

$\frac{4.}{7.}$ c'est à dire un peu plus de 24. minutes. On devroit donc pour lors étendre la pointe du compas un peu plus de 24. minutes par delà le cinquante-uniéme degré, & faire le reste comme auparavant.

Il est vray que comme ny un degré, qui contient 60′, ny une minute premiere qui en contient 60. secondes, ny une seconde qui en contient 60. troisiémes &c. ne peuvent se diviser justement en 7, on ne peut avoir qu'à peu prés la juste mesure de cét angle de l'heptagone (ce qui se doit aussi entendre de l'endecagone & des autres polygones semblables) & qu'ainsi on peut quelquefois ne pas rencontrer du premier coup, & que c'est même un pur hazard quand on trouve justement son affaire ; mais il faut se contenter de cela, & n'en point demander plus

XXVI.
Sa difficulté.

qu'on n'en fçait là-deſſus; car en effet on n'en fçait pas davantage, & il n'y a point d'autre pratique pour tracer l'heptagone & l'endecagone, ſi l'on veut s'en tenir aux diviſions ordinaires du cercle en 360. degrez, d'un degré en 60 ' & d'une premiere minute en 60 '' &c.

XXVII.
Ce qu'il faut faire pour en avoir bien iuſtement le côté, auſſi bien que celuy de l'endecagone.

Mais comme l'on peut diviſer un degré en autant de parties que l'on veut par le moyen des cercles que l'on décrit au bord du Quart-de-nonante, & des diagonales qui les traverſent, en tirant 7. lignes au lieu de 6. on aura facilement & tout d'un coup $\frac{3}{7}$ d'un degré, qui pour lors ſe termineront préciſemét au

oint où le troisiéme cercle, en
contant depuis le centre, coupe-
a la diagonale du cinquante-
deuxiéme degré ; ainsi, sans s'en
rapporter au hazard, on pourra
avoir tout d'un coup le côté de
l'heptagone : il en va de même
de l'endecagone , excepté qu'il
faut onze cercles pour diviser
chaque degré en onze parties.
Après tout il n'est pas difficile
d'avoir plusieurs de ces instrumens, où les degrez soient divi-
sez de toutes les manieres , &
cette invention ne doit pas paroître mauvaise.

Si vous sçavez un peu de Geometrie , vous ne pouvez pas
ignorer que ces divisions de degrez , que l'on fait par des cer-

cles & par des diagonales, comme on vient de le dire, ne foient
tres-juftes, puis qu'elles font fondées fur une démonftration évi-
dente *, ou l'on fait voir que
dans les triangles, où il y a plufieurs bazes paralleles (& qui
font femblables à ceux qui font
formez dans le quart-de-nonante par les cercles, qui y peuvent
paffer pour autant de lignes droites, & par les diagonales) comme une partie d'un côté eft à fon
tout, ainfi une parallele qui ferme cette partie, eft à la parallele qui ferme le tout. Voila pourquoy, fi vous fuppofez que *a. b.*
par exemple foit un degré de
cercle, fur lequel on ait décrit
7. fegmens de cercle également

Elem.
d'Euclid.
liv. 6.
prop. 2.

XXVIII.
Surquoy
eft fondée
la divi-
fion des
degrez ,
pour en a-
voir les
fractions,
& ce que
l'on doit
fuppofer
pour cela.

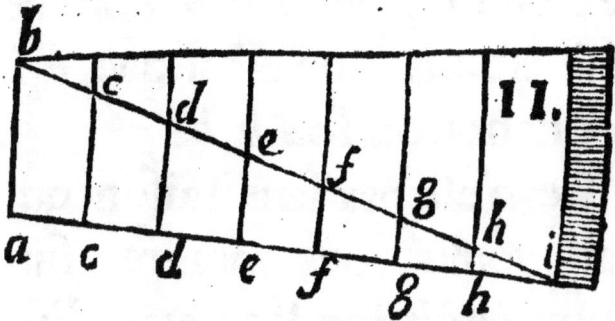

distans l'un de l'autre, & qui ne soient pas sensiblement differens d'une ligne droite ; comme *c c. dd. ee. ff. gg. hh. i.* & qu'une diagonale *b i.* les coupe tous, vous pourrez raisonner de cette sorte ; *i h. i b* :: *h h . b a* ; c'est à dire comme *i h.* est à *i b*, ainsi *h h.* est à *b a* : or est-il que *i h.* est la septiéme partie de *i b*, donc *h h.* est aussi la septiéme partie de *b a.* & *f f.* vaut trois de ces septiémes parties, parce-que *f f . h h* :: *f i . h i* ; c'est à dire, que *f. f.* eſt à *h. h.* comme *f..i.* eſt à *h. i.* or eſt-il que *f. i* contient trois fois *h. i.*

Ce n'eſt pas ſans raiſon qu j'ay voulu vous montrer ſurquoy eſtoit fondée cette diviſion des degrez du quart-de-nonante, par des cercles paralleles & par des diagonales, afin qu'il puiſſe ſervir à décrire toutes ſortes de polygones ; car ce que l'on pratique ſur le compas de proportion, pour trouver les côtez ou les angles du centre de ces mêmes polygones, eſt à peu prés fondé ſur le même principe.

XXIX.
Compas
de pro-
portion.
On grave ordinairement deux ſortes de lignes differamment diviſées ſur les deux branches du

ompas de proportion. Les
nes font divifées en parties éga-
es fur une des faces, dont nous
'avons pas befoin maintenant ,
& les autres qui font fur la face
oppofée, font divifées en parties
inégales , & on les appelle les
lignes des polygones , ou des
cordes , parceque les côtez des
polygones font effectivement
autant de cordes d'arcs de cercle , qui changent felon la diverfité des polygones , & le
nombre de leurs cotez.

Pour en décrire de toutes les
façons par le moyen de cét inftrument ; il faut d'abord faire
fon cercle fur le papier comme
nous l'avons dit auparavant, &
fans ouvrir ny fermer le compas,

XXX.
Defcri-
ption des
polygones
par le
moyen du
compas de
proportiŏ.

avec lequel on l'aura décrit, po-
fer l'une de fes pointes fur le
point marqué 60. dans le compas de proportion, puis ouvrir le
même compas jufqu'à ce que l'autre pointe tombe juftement fur
le point qui eft oppofé au préce-
dent & qui eft marqué 60. comme luy fur fon autre branche.
Cela fait, fi vous voulez par
exemple le côté d'un pentagone, ouvrez un peu vôtre compas, & prenez la diftance qu'il
y a fur les deux lignes des cordes entre les deux points marquez 72. qui font les degrez que
comprend le côté de ce polygone, & vous aurez ce côté au jufte. Tout de même, fi vous voulez le côté de l'enneagone ;

voyez dans la table combien de degrez de cercle il faut prendre pour ce côté ; vous trouverez qu'il en faut prendre 40 ; fermez un peu vôtre compas, & prenez la diſtance qui eſt entre les deux points des lignes des cordes marquez 40, & vous aurez ce côté.

Si vous vouliez le coté du triangle, & que les lignes des cordes ne fuſſent diviſées qu'en 90. ſur vôtre compas de proportion, il en faudroit faire à deux fois : car comme le côté du triangle eſt la corde de 120. degrez, comme il eſt marqué dans la table, il en faudroit prendre d'abord 90, & puis enſuite ce qui reſte juſqu'à 120, c'eſt à dire

30. ſi les lignes des cordes eſtoient diviſées en 180, comme il arrive quelquefois, (mais cela n'eſt pas neceſſaire) vous trouveriez tout d'un coup vôtre affaire.

XXXI. Comment on décrit immediatement les polygones, & ſans faire de cercle. Si vous vouliez décrire un polygone ſans faire de cercle, vous le pourriez en vous ſervant d'une autre table, où j'ay mis les degrez que comprennent les angles que font entre-eux les cotez de chaque polygone, & que l'on appelle les angles de la circonference de ces ſortes de figures.

TABLE

TABLE
DES ANGLES
de la circonference de chaque Polygone, ou des degrez que comprennent leurs côtez.

Pour le Triangle.	60.	XXXII.
Pour le Quarré.	90.	Table des
Pour le Pentagone.	108.	angles de
pour l'Hexagone.	120.	la circon-
		férence de
		chaque pó
Pour l'Heptagone.	128. $\frac{4}{7}$	lygone.
Pour l'Octogone	135.	
Pour l'Enneagone.	140.	
Pour le Decagone.	144.	
Pour l'Endecagone.	148. $\frac{3}{11}$	

E

Pour le Dodecagone.   150.

Cête table eſt aisée à tirer de la précedente : car comme les trois angles d'un triangle, pris enſemble, en valent deux drois de nonante degrez, * & que

Euclid. liur. prem prop. 32. l'on a par la table précedente l'angle du centre de chaque polygone, comme par exemple celuy de l'hexagone *c. a. b.* de 60. degrez ; Les Angles *a.*

c. b. a. b. c. du

triangle que forme le côté de l'hexagone avec les deux lignes tirées du centre é-

Prop.5. tans égaux, * doivent conte-

nir chacun 60. degrez : car
trois fois 60. font 180. qui font
deux fois 90. c'eſt à dire deux
angles drois : or eſt-il que l'angle *c. b. a:* eſt égal * à l'angle
a. b. d. donc l'angle *c. b. d.* qui
eſt l'angle de la circonference
de l'hexagone comprend 120.
degrez , comme il eſt dans la
table. C'eſt le même raiſonne-
ment pour les autres polygones. Mais voicy l'uſage de cette table , pour en décrire de
toutes ſortes ſans faire de cercle.

Vous voulez par exemple ,
un pentagone : faites une ligne
a. b. à diſcretion ; puis voyez
dans la table quel eſt l'angle
de la circonference du penta-

du livre premier d'Euc.

* *Prop 8. du prem. liu. d'Euclide.*

E ij

XXXIII
Descrip-
tion du
pentago-
ne indé-
pendamēt
du cercle.

gone ; il est de 108. degrez.
Décriuez un segment de cercle
a c. marquez dessus par le
moyen du quart-de-nonante, ou
par le moyen du compas de
proportion 108. degrez, & par
le point que vous y aurez marqué, où se terminent ces 108.
degrez , tirez la ligne *b. c.* vous
aurez deux côtez du pentagone, faites la même chose du
point *a.* que vous aurez fait du
point *b.* & ainsi
consecutivement
de tous les autres;
& vous aurez un
pentagone par-
fait : il en est de même de toutes les autres figures.

Tout ce que j'ay dit jusqu'-

icy ne fert qu'à tracer les polygones fur le papier, & il falloit
commencer par là. Nous dirons dans la fuite comment il
faut les tracer fur le terrain.

Apres avoir tracé le polygone tel que l'on veut felon le deffein que l'on a ; il faut tracer
tout au tour des baftions, &
faire le plan de toutes les autres parties que demande une
place fortifiée, ainfi il faut en
reuenir à nos regles particulieres, & apres avoir donné celles qui regardent le corps de la
place, expliquer celles qui font
pour les divrers ouvrages qui
fervent à fortifier une place.

Il faut commencer par les
murailles, & afin que vous en

XXXIV.
Les re-
gles qui
regardent
chacune
des par-
ties d'une
place for-
tifiée.

puiffiez faire le plan fur vôtre papier, il eft neceffaire de vous dire icy quelque chofe de leur largeur, & de la largeur des diverfes parties qui les compofent, & que l'on a coûtume de diftinguer fur les plans que l'on en fait , par des lignes differentes : car il faut vous fouvenir , fuivant ce qui a été dit cy-deffus, que le plan eft pour marquer la largeur des murs d'un édifice, & le profil pour en marquer la hauteur ou l'elevation. Les parties qu'on diftingue dans les plans, font, le terreplain le parapet, & les taludz, tant du terreplain que de la muraille.

XXXV.
Il y a 3. parties à diftinguer dans le plan des murailles.

Nos anciens ne fe fervoient que de fléches & de bellier, &

ils n'avoient de leurs tems ny canon ny mines : ainfi pour fe gua-
rentir de l'efcalade, ils faifoient
leurs murailles fort hautes, mais *XXXVI.*
le parapet ne devoit point a- *Differen-*
voir de largeur determinée, & *ce des mu-*
railles an-
pourveu qu'ils peuffent voir le *ciënes &*
pié de là muraille par les cre- *modernes.*
neaux qu'ils pratiquoient au deffous du même parapet, qu'ils
élevoient pour cela fur des cor-
beaux, ou fur des pierres avan-
cées au delà de l'epaiffeur des
murs cela leur fuffifoit : car par
ces creneaux qu'ils pratiquoient
de la forte, ils rompoient les
voutes, * que les foldats fe fai- * *Teftu-*
foient de leurs boucliers, pour *dines.*
monter à l'efcalade ; ou pour fa-
vorifer ceux qui travailloient au

deſſous pour ſapper les murs,
en déchargeant & laiſſant tomber ſur eux des pierres d'un poids
énorme pour les écraſer : mais
à préſent que le canon eſt en
uſage, ces ſortes de parapets ne
ſçauroient plus ſuffire pour mettre les ſoldats de la place à couvert & en ſeureté ; & en faiſant des creneaux, comme aux
anciénes murailles, on ne pourroit pas leur donner l'épaiſſeur
qu'il faut pour reſiſter à l'effort
du canon, ils ſeroient incontinent renverſez, & on ne
pourroit plus defendre la muraille.

XXXVII
Largeur
des para-
pets.
Il faut donc faire des parapets ſolides & larges au moins
de trois toiſes, s'ils ſont ſim-

plement de terre, ou de deux
eulement, s'ils font de maçon-
ierie ; car on peut les faire des
eux façons. Il eſt vray que les
ortifications de terre ont de
grandes incommoditez, parce-
qu'outre qu'il y a toûjours à faire, & qu'on trouve rarement
un terrain propre à cela, il faut
donner aux murailles de terre
un bien plus grand talud qu'aux
autres, & cela favoriſe l'eſcala-
de, outre que ſans cela même,
il ſeroit toûjours fort aiſé d'y
monter, parce-qu'on peut facilement y enfoncer des pieux, &
s'en faire en moins de rien de
tous côtez des échelles tres-com-
modes pour gagner le deſſus du
rampart, ſans que les fraiſes dont

XXXVIII
Incom-
moditez
des forti-
fications
de terre
& des pa-
rapets de
maçonne-
rie.

on revet ordinairement le parapet de ces fortes de fortificatiõs,
puſſent y faire un grand obſta-
cle. D'ailleurs on a ſouvent
éprouvé que les parapets de maçonnerie ſont fort dangereux en
cas de ſiége, le canon faiſant vo-
ler de toutes parts les éclats des
pierres, qui tuent bien du monde ; c'eſt pourquoy on a trouvé
ce temperament qui accommo-
de toutes choſes ; on fait les murailles de maçonnerie, & le parapet de terre, de la largeur que
l'on a dit.

XXXIX.
Comment
on y a
pourveu,

Il n'eſt pas neceſſaire que le
corps de la muraille ſoit beaucoup plus fort de maçonnerie
que le parapet, mais elle
doit aller en talud, comme vous

pouvez le remarquer dãs le deffein qui en reprefente le profil.
Et outre cela, comme elle doit
toûjours eftre affez haute (comme nous le dirons à la fin de ce
traité) & que, felon les loix de
la Satique, elle doit eftre confi-
derée comme un levier, dont
le centre eft au pié, on a coûtume de la munir extraordinai-
rement, par derriere & au dedans de la place, d'un bon terreplain, contre l'effort du canon : c'eft à dire qu'on la foû-
tient en dedans d'une large & *X L.*
forte terraffe de 30. ou 40. piés, *Largeur*
afin qu'elle ferve encore pour y *du terre-*
renger des foldats en bataille *fon ufage.*
au tems de l'affaut, & pour le
recul du canon qui tire de de-

ffus les cavalliers qu'on a foin
d'élever fur cette terraffe, ou par
les embrafures du parapet, où
l'on n'en doit faire que le moins
qu'on peut de peur de l'affoiblir.
Elle a fon talud en dehors de
douze piés , & en dedans, le
terreplain ou le rampart a le fien
de 15.

Ce n'eft pas affez pour une
ville , qu'elle foit entourée de
bonnes murailles ; il faut qu'on
puiffe les défendre. S'il n'y avoit
que de fimples murailles , les ennemis foûtenus de leurs gens qui
feroient rangez le long de la
contrefcarpe, pafferoient incontinent le foffé , fans aucun danger, & aprés avoir fait une bréche par le moyen d'un fourneau

qu'ils auroient pratiqué auparavant ; ils monteroient incontinent à l'affault. C'eſt pour cela qu'il faut des corps avancez qui enfillent le foſsé, & qui ſoient capables de contenir du canon, pour le nettoyer & en empêcher le paſſage. Ils doivent même pouvoir encore incommoder l'ennemy ſur la muraille de la ville, en cas qu'il eût enfin paſsé le foſsé, & fait un logement ſur la bréche.

XLI.
Neceſſité des baſtions.

Ces corps ne ſont autres que les baſtions, qui outre tous ces avantages, doivent encore avoir celuy de ſe défendre & de ſe flanquer les uns les autres, & eſtre diſpoſez de telle ſorte, qu'il n'y ait aucun endroit de la place, ny hors de la place, qui ne ſoit vû de pluſieurs autres qui le défendent.

XLII. Les regles particulieres qui les regardent.

Ce ſont les maximes generales qui établiſſent la neceſſité des baſtions & qui ſont les fondemens des regles particulieres que l'on obſerve pour leur figure, leur diſpoſition, leur éloignement l'un de l'autre, & choſes ſemblables, auſquelles il faut avoir égard dans les plans que l'on fait des places fortifiées.

XLIII. Ils doivent eſtre rectilignes.

Ces regles particulieres, dont il faut eſtre inſtruit avant que de les pouvoir faire, ſont premierement, que les baſtions, regulierement parlant, doivent eſtre rectilignes; c'eſt à dire qu'ils doivent avoir leurs faces & leurs

flancs ou leurs ailes droites, &
non pas courbes : car quoyque
la figure circulaire foit la plus
capable & la plus folide de toutes ; nean - moins les baftions
ronds ne peuvent fe défendre
entierement les uns les autres :
il y auroit toûjours un endroit à
la pointe, fi elle eftoit ronde,
où l'ennemy feroit à couvert ;
outre qu'on pourroit battre directement de tous côtez, & de
loin les baftions de cette figure,
au lieu qu'on ne fçauroit battre
directement les baftions rectilignes fans s'approcher de la contrefcarpe, & d'un autre baftion
oppofé ; ce qui ne fe fait pas d'a-
bord, & ce qui ne fe peut jamais
faire, fans beaucoup de danger.

XLIV.
Les ba-
ftions
ronds, ne
peuvent
eftre dé-
fendus
par tout,
& peu-
vent eftre
battus di-
rectement
de tous
côtez.

XLV.
La di-
stance qui
doit estre
entre les
bastions.

Secondement, la distance de l'angle flanqué, ou de la pointe des bastions, jusqu'aux ailes de ceux dont ils prennent leur défence, ne doit pas estre beaucoup plus grande, ny beaucoup plus petite que 700. piés : car on doit pouvoir tout défendre, non seulement avec le canon, mais encore avec le mousquet ; & la portée ordinaire du mousquet est à peu prés de 900. piés. Il y auroit donc de la dépence inutile si les bastions estoient plus prés l'un de l'autre, & s'ils estoient plus éloignez ils ne se défendroient pas suffisamment.

Troisiémement, l'angle flanqué ou la pointe du bastion peut estre plus ou moins solide suivant

vant l'endroit dont on prend *ne dois pas estre si aigu.* la ligne de défence ; mais le meilleur est qu'il soit plus solide & moins aigu. Il est vray qu'il est moins défendu, mais aussi il est plus fort & resiste mieux au canon, qui le peut plus difficilement endommager; outre qu'il renferme plus d'espace dans une moindre enceinte, & que le bastion qui a l'angle plus aigu, doit avoir les faces beaucoup plus longues, & par conséquent plus opposées aux batteries des ennemis, & qu'elles ne peuvent pas estre si bien défenduës, parce qu'elles ne renferment pas assez d'espace à proportion de leur longueur. Il faut donc avoir égard à toutes

F

ces chofes, & faifant cét angle
affez fort pour refifter au canon,
luy donner d'ailleurs toute la
défence que l'on peut raifon-
nablement luy donner. La pointe du baftion marquée *a.* prend
fa défence du feul flanc *e. f.* &
elle eft fort folide : la pointe de

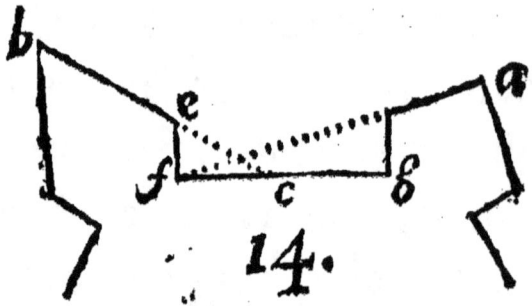

14.

l'autre baftion marquée *b.* la
prend encore de la plus grande
partie de la courtine *c. g.* mais
auffi elle n'a pas beaucoup de
refiftance, parceque l'angle en
eft fort aigu.

Quatriémement, il faut faire autant que l'on peut les aîles des baftions oppofez égales ; car quoique celuy qui a l'aîle plus petite puiffe eftre mieux défendu ; neant-moins on peut remarquer qu'il ne peut pas fi bien défendre l'autre ; ainfi comparant ce que l'un gaigne avec ce que l'autre perd, on trouvera qu'il vaut mieux que leurs aîles foient égales.

XLVII. Les aîles des baftions oppofez doivent eftre égales.

Cinquiémement, l'aîle qui eft la plus grande eft toûjours la meilleure, parceque la meilleure défence fe prend de l'aîle. La courtine & la face d'un baftion peuvent défendre l'autre baftion qui leur eft oppofé ; mais elles ne le font pas fi bien : le

XLVIII. *L'aile qui est la plus gran de est la meilleure.* seul flanc est à juste distance & opposé comme il faut au bastion qu'il défend, pour le bien défendre. On doit donc tenir les ailes des bastions les plus grandes que l'on peut, pour y loger plus de canons & plus grand nombre de soldats. D'ailleurs il y a icy un inconvenient, car pour faire l'aile plus grande, il faut faire la pointe du bastion plus aiguë, & par consequent moins forte : c'est pourquoy il faut encore icy avoir égard à toutes choses, & sur tout se donner de garde de s'attacher à aucune maxime particuliere, comme ont fait quasi tous ceux qui ont écrit des fortifications, se laissans éblouïr aux avantages qu'ils y remarquoient fans en confiderer affez les des-avantages.

Les uns ont cru qu'il valoit mieux avoir égard à la folidité des murs, & font tous les angles de leurs baftions obtus ; les autres ont jugé qu'il falloit avoir plus d'égard à la défence, & ils les font aigus. Quelques-uns enclinent les flancs des baftions en forte qu'ils font un angle aigu avec la courtine, d'autres les font droits & d'autres d'une autre maniere. Ils ont tous chacun leurs raifons, & il faut les entendre toutes, afin que dans l'occafion vous puiffiez les rapeller, & aprés avoir examiné les avantages de part & d'autre, aug-

XLIX. D'où eſt venuë la diverſité des methodes.

F 3

menter ou diminuer les angles
& les faces de vos baftions, encliner plus ou moins les lignes
de défence, & changer ce qu'il
faudra dans vôtre deffein &
dans le plan que vous aurez fait,
felon que vous le jugerez à propos & que la qualité de la place
le demandera : car en tout cecy
il faut confiderer une infinité de
chofes, & il y a des affujetiffe-
mens dans des places d'une cer-
taine façon, qui ne fe rencontrent point dans celles qui font
d'une autre figure. C'eft pourquoy le plûtôt fait eft d'avoir
une methode univerfelle comme celle que je prétens maintenant vous donner, afin qu'a-
prés avoir tracé vôtre deffein

fans vous attacher à aucune maxime particuliere, qui vous ex-
poſeroit ſouvent à des fautes
conſiderables, vous ſoyez en
poſſeſſion d'y changer ce qui
ſera neceſſaire.

Ceux qui ont lû les auteurs qui
traitent des fortifications, dont
la pluſpart, comme je l'ay dit,
s'attachent à quelque maxime
particuliere, ont pû facilement
remarquer qu'elles ſe rapportent
preſque toutes à deux, & qu'ainſi on peut reduire en general
toutes les methodes de fortifications à deux principales, & que
ces deux principales methodes,
qui ſont auſſi plus en uſage, ſont
la Françoiſe & la Hollandoiſe.
La Françoiſe a eſté expliquée

L.
Elles ſe
peuvent
toutes rap
porter à
deux prin
cipales,
qui ſont
la Fran-
çoiſe & la
Hollan-
doiſe.

par les deux Errards de Barle-
duc, & la Hollandoise par Marolois.

La principale difference de ces
deux methodes consiste en ce
qu'Errard veut que la pointe des
bastions, ou l'angle flanqué soit
toûjours droit (c'est la maxime
à laquelle il s'attache) au contraire Marolois fait les angles
flanquez aigus en toutes sortes
de figures, pour donner plus d'é-
tenduë aux flancs des bastions,
ausquels Errard n'en peut pas
donner beaucoup, & qu'il sem-
ble negliger, en se fiant sur la
force de ses angles. Il ne prend
même de défence que de ces
mêmes flancs, quoyque fort
petits; & Marolois au contraire

ne se contentant point de la défence qu'il tire des flancs de
ses bastions, la prend encore
d'une bonne partie de la courtine, & encline moins sur la
même courtine ses lignes de défence, autant qu'il le peut faire
& que la figure des places peut
luy permettre : car il est aisé de
voir qu'il n'en peut user de la
sorte à l'égard du quarré & du
triangle, dont les angles flanquez deviendroient excessive-
ment aigus, si l'on vouloit faire
tomber aussi dans ces sortes de
figures les lignes de défence sur
les courtines. Les angles flanquez dans ces sortes de polygones ne sont déja que trop aigus,
& c'est une des raisons pour la-

quelle le triangle particulierement, n'eſt gueres propre aux
fortifications, car outre la peti-
teſſe de ces angles, & qu'ils ne
ſont défendus que du ſeul flanc
de ſes baſtions, auſſi-bien que
ceux du quarré, il renferme un
fort petit eſpace dans un tres-
grand circuit. On ſe ſert quelque-fois de ces ſortes de fortifications, dans les travaux que l'on
excite tumultuairement, pour
fortifier un camp & des lignes;
mais une place de cette figure
ne ſeroit pas bonne.

LII.
La me-
thode de
Stevin.

Outre ces deux methodes principales, il y a celle de Stevin,
dont le caractere particulier eſt
d'encherir autant qu'il peut ſur
Errard, & de faire toûjours l'an-

gle flanqué obtus & jamais droit ou aigu. Fritack au contraire encherit fur celle de Marolois & fait la pointe des baftions fi aiguë , qu'il prend ordinairement fa défence , même dans le quarré , d'une bonne partie de la courtine. Doogen fait la même chofe. Le Comte de Pagan a cela de particulier , qu'il fait le flanc perpendiculaire à la ligne de défence , de forte que ce flanc fait avec la courtine un angle obtus. Sa raifon eft que ce flanc ainfi difposé regarde plus-directement le fofsé qui va le long de la face du baftion qui luy eft opposé, & qu'il défend mieux cét endroit, où fe font ordinairement les plus grandes attaques.

De Fritack.

De Doogen. Du Cõte de Pagan.

LIII.
Ses in-
commodi-
tez.

Plufieurs ont trouvé à redire
à cette methode & avec raifon;
car on met autant qu'on peut les
flancs des baftions à couvert
des batteries des ennemis, qui
font fur la contrefcarpe, & ce
Comte les expofe directement
à ces mêmes batteries, fe fiant
fur le grand nombre de canons
qu'il y met, & fur la grandeur
de fes flancs. Mallet a appor-
té un temperamment à cette
methode, qui ne laiffe point d'a-
voir fes avantages, & il fe con-
tente de faire un peu biaifer les
flancs de fes baftions, en forte
qu'ils ne tombent point à plomb
fur la courtine; mais il ne font
point fi découverts que Pagan
le veut.

Quelques-uns multiplient ces methodes, en diftinguant de toutes celles que j'ay rapportées, l'Italiene, l'Hefpagnole & d'autres femblables, d'une infinité d'Auteurs particuliers, mais il ne faut pas s'embaraffer de tant de chofes, ny s'imaginer qu'on ait inventé une nouvelle efpece de fortification, lors qu'on a changé quelque mefure d'un angle ou d'une face de baftion. Je ne veüx pas auffi m'arrefter à faire un plus long dénombrement de toutes ces manieres particulieres & differentes de fortifier, & en verité ce feroit perdre le tems ; ce que l'on a dit fuffit pour faire connoître ce qui doit faire la diverfité des metho-

LIV. *On ne doit pas multiplier ces methodes.*

des, & tout ce que l'on pourroit
dire aprés cela, ne feroit qu'a-
joûter à ce que l'on a déja dit,
quelques mefures particulieres,
que chacun pourra trouver dans
les tables, que les auteurs qui les
ont inventées, ont eu foin de faire mettre dans leurs livres, &
dont les principales (pour les
methodes principales) font ra-
maſsées dans le traité des fortifications du P. de Chales au fecond tôme de fes ouvrages.

LV.
Pratique
generale
pour tra-
cer les
fortifica-
tions.
Venons donc au deſſein & à
la pratique generale que je me
fuis engagé de vous donner,
pour tracer les baſtions & les
plans des fortifications d'une
place ; car c'eſt ce qui nous reſte
à faire, & aprés ce qui a eſté

dit des maximes particulieres
aufquelles il faut avoir égard, &
des diverfes methodes que l'on
a inventées pour tâcher de les
obferver, on eft fuffifamment
inftruit de tout ce qu'il faut fçavoir pour entendre ce que l'on
fera, & pour juger que, dans
cette pratique generale, on ne
s'éloigne point des maximes de
l'art que l'on a expliquées, ou du
moins pour remedier aux dé-
fauts, par quelqu'une des methodes particulieres que l'on a rapportées, s'il arrivoit que l'on
s'en éloignât quelque-fois, ou
que l'on ne les obfervât pas fi
parfaitement qu'il feroit neceffaire, & qu'on le pourroit abfolument, dans quelque polygone particulier.

Je suppose premierement
que, suivant la methode que
j'ay donnée pour la division des
degrez du cercle, vous avez une
regle semblable à celle que vous
voyez icy marquée *a. b. c. d.*
dans laquelle par le moyen des
onze paralleles & des diagonales

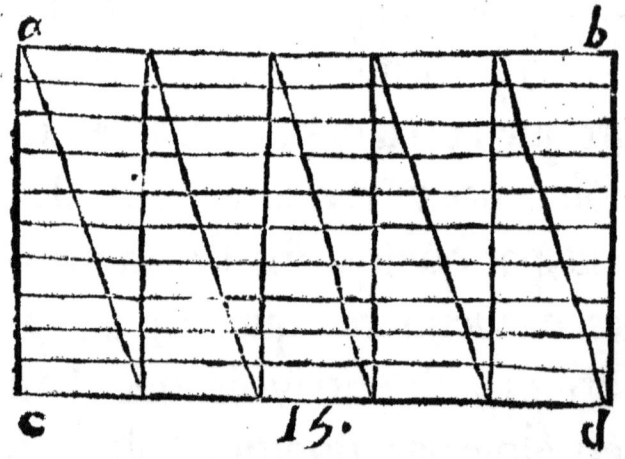

LVI.
Regle de
reductiõ.

qui sont entre chacune de ses
parties, vous puissiez prendre
jusqu'à une dixiéme partie de
l'une de celles qu'elle contient ;
Je

Je suppose en second lieu que
vous sçavez que cette dixiéme
partie peut valoir tout ce que
l'on veut ; comme par exemple,
un pié ou une toise entiere ;
car c'est en cela que consiste
tout l'art de la reduction. On
ne peut pas representer dans un
papier une place dans toute
son étenduë, ny faire un dessein
où elle ait toute la grandeur réelle qu'elle doit avoir sur le terrain ; tout ce que l'on peut, c'est
qu'estant infiniment plus petite,
on fait en sorte que toutes ses
parties ayent entre-elles la même proportion, qu'elles doivent
avoir sur le terrain, & c'est pour
cela que l'on a pour en faire les
desseins des regles divisées com-

LVII.
Ce que
c'est que
reduction
& sa pra-
tique.

G

me celle-cy, où l'on peut prendre une ſi petite partie que l'on
veut pour une toiſe , ou pour
quelqu'autre grandeur que ce
ſoit : il faut que celle que l'on
choiſit ſoit proportionnée à la
grandeur du deſſein ; & nous ne
pouvons pas en avoir icy d'aſſez petites , il y faudra ſuppléer
en vous diſant combien chaque
partie doit avoir de piés , ou
ſans vous le dire de chacune en
particulier (ce qui ſeroit aſſez
importun) en vous faiſant obſerver le rapport qu'elles ont à
une ſeule , dont on vous dira une
fois la meſure & la grandeur
préciſe.

LVIII.
Ce qu'il
faut ſup-   Par exemple, on ſuppoſe toûjours dans cette pratique univer-

selle, que chacun des côtez du
polygone que l'on entreprend
de fortifier est de 130. ou de
140. toises, & cela supposé, on
vient à la description de toutes
les parties du plan d'une fortification reguliere, sur quelque
polygone que ce soit, en cette
maniere.

poser dãs la pratique generale que l'on donne icy.

Aprés avoir fait une eschellé
de la grandeur de l'un de ses
côtez, (cette eschelle n'est rien
qu'une ligne de la grandeur de
ce côté) & aprés l'avoir divisée
en 130. ou en 140. parties égales, qui seront autant de toises,
que l'on pourra diviser encore
en 6. pour avoir les piés, s'il est
possible (c'est assez, si l'on veut
que cette eschelle ait 100. ou

LIX.
Il faut commencer par faire une eschelle.

G 2

même 10. toiſes ; c'eſt à dire
qu'elle ſoit ſeulement la trei-
ſiéme ou la quatorſiéme partie d'un côté du polygone)
aprés cela, dis-je, il faut diviſer
ce côté du polygone, en 6. parties égales ; puis tirer par les pre-
mieres parties vers les deux extremitez *e.* & *a.* les perpendiculaires *e g. a o.* égales à une ſixié-
me partie du côté du polygone,
c'eſt à dire à *b. a.* & ce ſeront
les aîles ou les flancs des baſtions. Troiſiémement il faut
tirer les occultes *e. o. i.* & *a. g.*
des points *e.* & *g.* qui aillent couper les diametres prolongez
comme *e. o.* fait *z. b. i.*, & ces
lignes depuis les flancs des baſtions, juſqu'au point ou elles

LX.
Pratique
pour trou-
ver les
flancs des
baſtions.

LXI.
Comment
on en trou-
ve les fa-
ces.

coupent les diametrales , c'est à
dire par exemple depuis *o.* jufqu'à *i.* décriront la face des mêmes baftions , en forte que l'on
aura tout le contour de la place,
fi l'on fait la même chofe fur
chaque côté du polygone. Quatriémement prenez avec le compas la longueur du flanc *e. g.* ou
a. o. & pofant une des pointes
du même compas fur *i.* dé-
crivez de l'autre pointe des cercles occultes , & faites auffi le
même des points *o.* & *g.* , puis
tirez par ces cercles occultes, de
l'un & de l'autre côté , les lignes
m n : n c. paralleles aux faces
des baftions & vous aurez la largeur du fofsé, & la contrefcarpe. Cinquiémement des points

LXII.
Comment
il faut s'y
prendre
pour dé-
terminer
la largeur
du fofsé.

G 3

LXIII.
Comment
on trace
le plan de
tout le
rampart;

i. o. a. e. g. faits d'autres cercles occultes en dedans de la place qui ayent pour demy-diametre 10. toises, & tirez les lignes *p. q. r. r.* qui touchent ces cercles, & vous aurez la largeur de tout le rampart *e. p.* & *a. q.* Sixiémement, pour le parapet tirez tout au tour en dedans les parallel̄es

Du para-
pet.

d. f. h. u. en sorte que la largeur *o. h.* soit de 20. piés si le parapet doit estre de terre, ou de 12. seulement, s'il est de pierre. Sep-

Du talud
de la mu-
raille.

tiémement tirez encore tout au tour une autre ligne parallele en dehors, autant éloignée que celle du parapet, c'est à dire à 12. piés, & elle marquera la saillie du talud & le pié de la muraille dans le fond du fossé,

au lieu que *e. a. o. i.*, qui eſt au
milieu repreſente le bord exterieur du haut de la muraille.
Pour le talud du terreplain, le
pié en eſt marqué par la ligne
p. q. r., & il faut tirer une autre
ligne exterieure à 15. piés de diſtance pour en marquer la largeur & le penchant. Ces deux
dernieres lignes ne devroient
proprement point eſtre conti-
nuées dans les baſtions ; parce-
que , pour bien faire , ils doivent eſtre tout remplis.

De celuy du terreplain.

Il ne reſte plus que le chemin
couvert, dont la ligne *y. x. &.*
parallele à *m. n. c.* détermine la
largeur, de 3. ou 4. toiſes : car
pour le talud de la contreſcarpe,
il eſt repreſenté par l'autre ligne

Du chemin couvert & du talud de la contreſcarpe.

16.

parallele à la même *m.n.c.* tirée de l'autre côté & en dedans du fossé, à douze piés de distance.

Du chemin couvert & du talud de la contrescarpe.

Je ne parle point icy des cavaliers, qui font des terrasses élevées fur le rampart, d'un ou de deux commandemens; c'est à dire de 9. ou de 18. piés qui ont leur parapet, comme les autres ouvrages, & que l'on place ordinairement fur le second flanc, afin que le canon que l'on met dedans défende la face du bastion.

Je ne parle point aussi des ravelins, des contregardes (qui font comme deux petits ramparts qui couvrent les faces des bastions) des demy-lunes, des piéces à cornes, ny des autres de-

LXIV.
Il n'y a rien de determi-nétouchât la mesure des dehors.

hors, parce-qu'il n'y a rien de determiné touchant la mesure de ces sortes d'ouvrages, & que chacun peut à sa fantaisie les disposer comme il l'entend, & les augmenter ou les diminuer comme il le juge à propos ; il n'y a qu'une chose à remarquer,

LXV.
Qu'elle doit estre la largeur de leurs fossez.

que comme on le voit par la figure, ou j'en ay mis de toutes les façons, les fossez qui entourent ces sortes d'ouvrages, ne doivent avoir que la moitié de la largeur de ceux de la place.

La contregarde est marquée 1.

LXVI.
Leurs noms.

2. marque le lieu de la demy-lune, *lunula*, qui ne differe du ravelin, *parmula*, marqué 3. qu'en ce qu'estant à la pointe du bastion, elle est en effet écornée

en dedans & se courbe en demy-cercle. Elle doit estre toûjours soûtenuë par une piece à
cornes, ou par un ravelin ; au-

trement estant fort avancée vers
l'ennemy, elle pourroit facilement estre insultée.

4. Eſt un ouvrage ou piéce à cornes : *opus cornutum*

5. Eſt un ouvrage couronné. *Opus coronatum.*

6. Eſt une tenaille, *forceps*

7. Eſt une double tenaille. *Forceps duplicata.*

LXVII. Cette pratique generale n'eſt que pour commencer les plans.

Voila donc la pratique generale des fortifications, & comment il faut commencer à en faire les plans pour quelque polygone que ce ſoit, à la reſerve du triangle, dans lequel il ne faut donner aux aîles des baſtions, que la moitié de la demy-gorge marquée * *a. b.* Elle eſt tres-facile, comme vous voyez, & tout-à-fait commode pour les commençans, qui ſans s'embarraſſer des myſteres inuti-

* Figure 16.

les, dont la plufpart des auteurs
ont rempli cét art, peuvent tres-
aisément faire des deſſeins de
fortifications en ſuivant cette
methode pour les commencer
ſeulement , car vous compren-
drez par la ſuite qu'il n'eſt pas à
propos de s'arreſter toûjours aux *& pour*
plans que l'on auroit dreſſez par *les iuſti-*
cette pratique , qui ne ſert pro- *fier quãd*
prement qu'à les juſtifier , com- *ils ſont a-*
me on le fera voir. *chevez.*

　　Il ne faut donc pas s'arreſter *LXVIII.*
tellement à cette pratique , que *Ce qu'il*
l'on trace d'abord le plan que *faut ob-*
l'on a entrepris de faire , comme *ſerver en*
ſi on vouloit s'en tenir là : mais *commen-*
il faut ſimplement faire ſon po- *çant ſon*
lygone , & ériger deſſus des ba- *plan.*
ſtions en marquant ſeulement

par des lignes occultes les lignes
de défence, parce qu'elles n'en
devront pas toûjours déterminer les faces, & qu'il est à propos de les prendre toûjours dans
tous les polygones, excepté dans
le triangle & dans le quarré,
non pas de l'angle que fait la
courtine avec le bastion, mais
de quelque point déterminé de
la même courtine, afin que le
bastion opposé soit mieux défendu par un second flanc que
l'on y devra toûjours ménager.

LXIX.
Pourquoy
il ne faut
pas s'en
tenir à
cette pra-
tique pour
achever
son plan.

Afin donc que vous voyez
comment on doit justifier son
plan par cette pratique generale, par laquelle il faut toûjours
commencer, & pour m'aquiter
de la promesse que je vous ay

LXX.
Pourquoy
les autres
auteurs
font des
tables des
angles &
des lignes

fait au commencement de ce livre, de vous donner tout le fe-
cours qu'il est neceffaire pour
entendre les auteurs & pour pratiquer leurs methodes, qu'ils
ont coûtume de juftifier par des
tables des mefures de la grandeur des angles & de toutes les
lignes qui fervent à tracer les
fortifications, je vais vous les
donner comme eux dans des tables particulieres que j'en ay faites à leur imitation. Je vous dé-
couvriray à même tems le fecret
de les faire, en vous faifant remarquer les principes fur lefquels elles font fondées, afin
que vous ayez la fatisfaction
d'apprendre folidement tout ce
qui regarde cét art, fi vous avez

pour tous les poly-gones.

quelque commencement de
Geometrie, & afin que si vous
n'en avez point, vous jugiez de
la necessité de cette science sans
laquelle on ne peut presque jamais approfondir aucune des
autres sciences humaines, ny les
apprendre dans la perfection.

Voicy comme on s'y prend
& les principes dont on se sert,
pour venir à la connoissance de
la grandeur de tous ces angles
& de la longueur de toutes ces
lignes que j'ay dit, & enfin pour
connoître au juste la proportion
& le raport que toutes les parties d'une place ont les unes avec
les autres , pour montrer par là
que l'on n'a rien fait qui ne soit
dans toutes les regles , & pour
justifier

juftifier, comme l'on a dit, fon deffein, qu'il fera par aprés beaucoup plus aisé de tracer fur le terrain, comme il eft aisé de le concevoir.

On fuppofe, felon ce qui a efté dit dans la methode generale, que dans tous les polygones, excepté dans le triangle, le flanc des baftions, comme *e. g.* eft toûjours la quatriéme partie de la courtine *e. f.* * & que * 16. Figure. l'angle qu'il fait avec elle eft droit; enfuite dequoy on trouve tous les angles du triangle *e. f. g.* où *f. e. b.* qui fert par aprés à connoître tous les autres, & par confequent à connoître la longueur de toutes les lignes qui les compofent, il n'y a qu'à dé-

LXXII.
Principes de Geometrie pour faire ces tables.

H

crire le fegment de cercle *g. h.*
& aprés avoir prolongé le côté
f. e. tirer la tangente *h. i.* car cela eftant fait, on aura deux triangles femblables , dont tous les
côtez feront proportionnels ,
* & on pourra dire , que comme le côté *e. f.* c'eft à dire 4.
(car il reprefente la courtine)
eft au côté *g. e.* c'eft à dire à 1.
qui eft le flanc du baftion,& que
l'on prend icy pour le finus de
l'arc *g. h.* ainfi le finus total *f. h.*
eft à la tangente *i. h.* En faifant donc comme 4. à 1. ainfi

* 4. *prop.*
du liv. 6.
d'Euclid.

10000000. finus total (qui peut
eftre plus ou moins grand felon
les tables de finus que vous aurez) à 2500000. tangente ; vous
n'aurez qu'à chercher ce dernier
nombre, ou le plus approchant
dans la colomne de ces tables
qui eft pour les tangentes, &
vous trouverez vis-à-vis le degré de cercle qui luy corref-
pond. Par exemple icy en
fuppofant le finus total de
10000000, le plus approchant
de ce nombre, que nous avons
dit, eft 2499460. & vis-à-vis
de luy font 14. degrez deux minutes, qui eft la grandeur de l'angle opposé *g. f. e.* ou *h. e. f.* * lequel fouftrait de 90. deg. (car les
trois angles d'un triangle valent

H 2

LXXIII.
*Pratique.
pour trou
ver les
angles
par les fi-
nus.*

* *De la*
16. *Figu-
re.*

* *Prop.*
32. du l.
1. d'Eu-
clide.

* toûjours deux angles droits)
laisse 75. deg. 58. min. pour
l'angle *e. g. f.* ou *f. h. e;* d'où il s'en-
suit que comme ce triangle est
toûjours le même dans tous les
polygones ; aussi l'angle *i. h. f.*
que fait la face du bastion avec
l'aîle ne change point non-plus,
mais demeure toûjours de 104.
degrez 2. minutes, autant qu'il
en faut pour faire avec l'angle *e.*
h. f. 180. degrez , car il est de
suite avec luy, & deux angles

* *Prop.*
13. du l.
premier
d'Euc.

qui font de suite, pris ensemble
doivent valoir deux angles
droits, * qui font 180. degrez.

LXXIV.
Où l'on
peut ap-
prendre
ce que

Si vous ne sçavez pas ce que
c'est que ces sinus & ces tangentes, ny leur utilité dans la Geometrie, pourvû que vous ayez

lû seulement les 6. premiers livres d'Euclide , vous pourrez
l'apprendre tres-facilement dans
les auteurs qui en ont fait des tables, ou dans le livre 9. des éle-
mens de Geometrie du P. Par-
dies qui en parle assez claire-
ment ; & qui avoit avec quelques autres auteurs récens, à peu
prés la même pratique que je
vous donne, pour tracer les fortifications ; mais ils en demeu-
rent là , & ne s'en servent pas,
comme je fais , seulement pour
justifier les plans & les desseins
qu'ils en font ; ce qui est defe-
ctueux , puis-qu'en s'arrestant
simplement à cette pratique , les
bastions deviennent fort courts
dans les grands polygones, &

c'est que sinus.

H 3

leurs angles flanquez fort obtus; outre que l'on n'a jamais, pour les défendre , un second flanc, qu'il faut cependant toûjours pratiquer autant qu'on le peut, dans la courtine. Mais revenons à nos angles & à nos lignes.

Nous avons trouvé jusqu'à *16. Figure.* présent les angles *h. e. f. e. h. f.* & *f. h. i.* qui ne changent jamais dans nôtre methode ; il faut apprendre comment nous devons trouver celuy du sommet des bastions que nous avons appellé l'angle flanqué , qui change dans chaque figure, & qui est different selon le nombre different de ses côtez , ce qui n'empéchera pas que , comme je l'ay dit , le premier trian-

gle que nous avons examiné ne
nous donne le moyen de le connoître. Car cét angle pouvant
estre consideré comme un de
ceux du triangle *i. b. e.* *dont
l'angle *e.* de 14. d. 2' nous est
connu , nous viendrons facilement à le connoître luy même
pourvû que nous connoissions
la quantité de l'angle *e. b. z.* ; car
cét angle *e. b. z.* est externe à l'é-
gard des deux précedens *b. i. e.*
& *b. e. i.* & l'angle externe vaut
toûjours luy seul les deux à l'é-
gard desquels il est dit externe
*ou exterieur; si nous connois-
sons donc la quantité de cét angle & que nous en ostions l'angle connu *b. e. i.* de 14. d. 2'. il
est évident que ce qui restera se-

LXXV.
*Regle
pour con-
noître la
quantité
de l'angle
flanqué.*

* 16. Fi-
gure.

* Prop.
32. du li-
vre prem.
d'Euc.

ra la quantité de cét autre angle *b. i. e.* que nous cherchons.

On a donné cy-devant dans deux tables differentes tout ce qui eſt neceſſaire pour connoî-tre l'angle * *e. b. z.* car cét angle eſt toûjours le complément de la moitié de celuy du centre de chaque polygone, & la moi-tié precisément de celuy de la circonference. On peut donc des deux tables précedentes tirer une troiſiéme table, où la quan-tité de l'angle *e. b. z.* ſoit mar-quée pour toutes ſortes de po-lygones, afin que, par ſon moyen, on connoiſſe la quan-tité que doit avoir l'angle *b. i. e.* en oſtant des nombres mar-quez dans la table, 14.d. 2´.

* 16. Fi-gure.

TABLE

DE LA MOITIÉ
*des angles de la Cir-
conference , pour tous
les Polygones.*

Pour le triangle.	30. deg.	
Pour le quarré.	45.	
Pour le pentagone.	54.	
Pour l'hexagone.	60.	
Pour l'heptagone.	64. 32'.	

$$34''. 17'''. \frac{1.}{7.}$$

Pour l'octogone.	67. 30'.
Pour l'enneagone.	70.
Pour le decagone.	72.
Pour l'endecagone.	74. 16'.

$21''. 49'''. \frac{\text{I.}}{\text{II.}}$

Pour le dodecagone. 75. deg.

Mais pour vous épargner la peine de faire cette souftraction, voicy une autre table, où vous la trouverez toute faite, & où la quantité de cét angle *b. i. e.* qui eft le demy-angle flanqué eft marquée au jufte.

TABLE
DU DEMY-ANGLE
flanqué pour toutes fortes de Polygones.

Pour le triangle. 15. deg. 58'.

Pour le quarré.   30. 58'.

Pour le pentagone.   39. 58'.

Pour l'hexagone.   45.   58$'$.

Pour l'heptagone.   50.   30$'$.

$$34''. 17'''. \frac{1}{7}.$$

Pour l'octogone.   53.   28$'$.

Pour l'enneagone.   55.   58$'$.

Pour le decagone   57.   58$'$.

Pour l'endecagone.   60.   14$'$.

$$21''. 49'''. \frac{1}{11}.$$

Pour le dodecagone. 60.   58$'$.

Si vous voulez vous ferez une autre table pour les angles flanquez tous entiers, il ne faut que doubler les degrez qui font marquez dans la précedente.

LXXVIII
Table de
l'angle
flanqué.

TABLE

DE L'ANGLE

flanqué pour toutes for-
tes de Polygones.

Pour le triangle. 31. deg. 56′.

Pour le quarré. 61. 56′.

Pour le pentagone. 79. 56′.

Pour l'hexagone. 91. 56′.

Pour l'heptagone. 101. 1′.

$$8''. 34'''. \frac{2.}{7.}$$

Pour l'octogone 166. 56′.

Pour l'enneagone. 111. 56′.

Pour le decagone. 115. 56′.

Pour l'endecagone. 120. 28′.

$$43''. 38''' . \frac{2.}{11.}$$

Pour le dodecagone.   121.

56'.

Aprés avoir trouvé tous ces angles, il n'eſt rien plus aiſé que de déterminer la grandeur de ceux que font les lignes de défence au point * *l.* où elles ſe croiſent ; il ne faut que chercher la quantité de deux de ces angles, parceque les deux autres qui leur ſont oppoſez, leur ſont égaux. Premierement donc l'angle *e. l. f.* & par conſequent *g. l. h.* qui luy correſpond doit eſtre de 151. deg. 56. minutes, parceque, comme l'on a dit, les trois angles d'un triangle pris enſemble doivent toûjours valoir deux angles droits, c'eſt à dire 180. deg. ſi vous oſtez donc

LXXIX. *Regle pour trouver la quantité des angles que font les lignes de défence.*

* 16. Figure.

de ce nombre 28. deg. 4'. qui
eſt la quantité des deux angles
l.e.f:l.f.e; vous aurez le nombre de degrez que j'ay dit pour
l'angle *e. l. f.* & pour celuy qui
luy correſpond. L'angle *f. l. h.*
doit faire le même nombre de
degrez, c'eſt à dire 180. avec
l'angle *f.l.e*, & vous avez pour
l'angle *f l. e.* 151. deg. 56'. Il
reſte donc 28. deg. 4'. pour l'angle *h.l.f.* & autant pour celuy
qui luy correſpond. Il y auroit
deux autres manieres de le trouver; car premierement il eſt externe & par conſequent égal
aux deux angles *l.e.f:l.f.e.* Secondement, c'eſt l'angle du
ſommet du triangle *h. l. f.* dont
les deux angles *h.* & *f.* ſont con-

nus; mais il est plus naturel de le déterminer par la premiere maniere.

Voila donc comme l'on connoît facilement tous les angles qui se forment dans tous les polygones dont on se sert ordinairement pour les fortifications, & vous sçavez la methode de les trouver, & les principes sur lesquels est fondé tout l'artifice dont on se sert pour cela. Il ne reste plus qu'à vous apprendre par qu'elle voye on peut aussi venir à la connoissance de la longueur de chacune des lignes particulieres qui servent à décrire & à tracer les desseins des mêmes fortifications. Nous le ferons aprés vous avoir fait faire

quelques reflexions fur les mefures des angles flanquez que
nous avons données, & fur la
methode generale que nous
avons pour les tracer.

Premierement vous pouvez
voir que, comme il eft neceffaire que l'angle flanqué, ou
quelqu'autre partie de la fortification change, felon la qualité du polygone ; ce change-

LXXX. ment, qui dans certains poly-
Ce qui a gones eft des-avantageux, &
donné que l'on a voulu éviter, a don-
lieu aux né lieu aux diverfes methodes
diverfes de fortifier dont nous avons cy-
methodes devant parlé.
de forti-
fier.

Secondement, vous pouvez
faire reflexion que quand on
veut s'attacher à une methode
particuliere,

particuliere, il eſt effectivement inévitable, comme on l'a dit auſſi, de ne point tomber dans l'embarras; car il faut des meſures particulieres, pour chaque polygone, & l'on eſt obligé de multiplier les tables de ces meſures, pour toutes les parties des fortifications, afin d'y changer ce qu'il eſt neceſſaire & d'éviter tous les inconveniens.

LXXXI.
Raiſon pour laquelle on ne doit pas s'y attacher.

Troiſiémement, vous pouvez voir par la differente quantité de ces angles flanquez, pourquoy je vous ay averti, qu'aprés avoir tracé le deſſein de vôtre place par la methode generale que je vous ay donnée, vous pouvez y réformer ce que vous voudrez, & vous confor-

I

mer en ce que vous jugerez à
propos aux methodes particulieres des differens auteurs, que
je vous ay cottez ; car enfin il eſt
certain que ſelon cette methode, les angles flanquez, dans les
quatre ou cinq derniers polygones, deviennent fort obtus , &
qu'ainſi il n'eſt pas à propos de
s'y arreſter ; mais qu'il faut pour
éviter cét inconvenient, ou re-

LXXXII
On peut
quelque-
fois s'en
ſervir a-
vantageu-
ſement.

trancher quelque choſe du flanc
de vos baſtions, pour ſuivre en
quelque façon la manire Holan-
doiſe ; ou, ſi vous n'en voulez
rien retrancher , les encliner ſur
la courtine, comme fait le Comte de Pagan ; ou-enfin (ce que
j'eſtime le meilleur & le plus
court) allonger les faces de voſ

baſtions , en allongeant les lignes capitales, & faiſant d'autres lignes de défence, qui tom-
beront pour lors ſur la courtine,
& dont la longueur ne pourra
vous eſtre inconnuë,ſi vous con-
noiſſez une fois la longueur des
autres lignes de défence occultes
que j'ay dit qu'il faut tirer d'a-
bord.

XXCIII.
La meil-
leure pra-
tique pour
achever
ſon deſ-
ſein.

Pour la déterminer, & avoir
la meſure de toutes les autres lignes, que l'on a tracé d'abord,
ſelon la methode generale, dont
nous nous ſervons icy , il faut
vous faire remarquer, qu'il y a
de ces lignes qui changent, &
d'autres qui ne changent jamais,
& qui ſervent, pour cela même,
à trouver les autres qui chan-

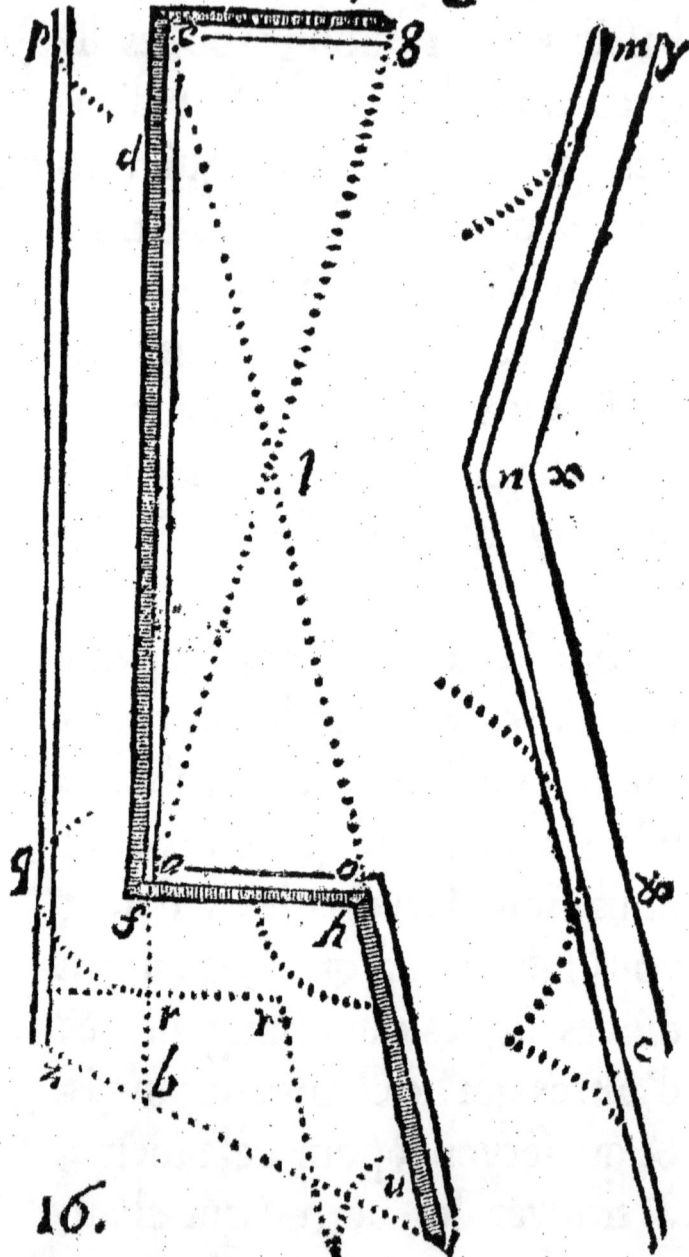

gent. Vous allez en apprendre
la methode. Voicy celles qui
changent, & celles qui ne changent pas. Le côté du polygone
qui n'a pû eſtre marqué tout entier dans la figure 16, à laquelle
il faut ſuppléer, en le ſuppoſant
entier, & marqué des lettres *b.*
& *f.* ne change point, non plus
que *f. e : e. g : f. b : b. e.* & *f. g.* ;
mais ſi *b. f.* eſt de 130. toiſes
ou de 780. piés, *f. e.* eſt de
520. piés, *b. e.* de 650., *f. g.*
de 536., *b. f.* & *f. h.* chacune de
130. Que ſi *b. f.* eſt moindre,
les autres diminuent à proportion ; mais c'eſt ſans changer jamais dans quelque polygone
que ce ſoit. Les lignes qui changent ſont toutes les auttes, com-

me *z. b.* (qu'on doit prendre pour le demy-diametre du polygone, parce qu'il n'a pû estre marqué entier dans la figure) *b. i : b. i.* & par consequent la totale *i. e.* composée de *e. b.* qui ne change pas, & de *b. i.* qui change.

XXCIV.
Methode pour trouver la longueur des lignes qui servent à tracer les plans.

La methóde de trouver & de déterminer leur longueur par la Geometrie, est fondée sur une seule regle de la resolution des triangles, qui est extrémement facile. On suppose que tous les angles des triangles que forment ces lignes soient connus par les pratiques & par les regles précedentes, & qu'il y ait aussi dans tous ces mêmes triangles un côté connu qui ne change point, & cela supposé on fait cette regle. *Comme le sinus de l'un des angles connus, & qui est opposé au côté connu, est à ce même côté, ainsi le sinus d'un autre angle connu, & opposé à un coté inconnu, est à ce même côté inconnu;* puis suivant cette regle, on cherche les logarithmes de ces sinus, & celuy du côté connu, dans les tables que l'on en peut facilement avoir. Secondement on ajoûte le troiziéme logarithme au second; puis on soustrait le premier de la somme ou du nombre que font le second & le troisiéme logarithme ajoûtez ensemble, & on écrit le residu de ce nombre. Enfin on cherche dans les tables des logarithmes un nombre qui luy soit pa-

XXCV.
Regle sur laquelle elle est appuyée.

reil, ou qui en approche, &
par ce moyen on trouve tout
vis-à-vis le nombre des parties
du côté inconnu, que l'on cher-
choit. Il faut en apporter un
exemple, afin de vous faciliter
l'intelligence & la pratique de
tout cela.

XXCVI.
Pratique
de cette
regle.
Supposons donc si vous vou-
lez que le côté *g. f.* dans le triangle *g. f. e.* de la figure 16. soit inconnu, & qu'il faille le trouver.
Je mets ma regle en usage, & je
dis, comme le sinus de l'angle
g. de 75. deg. 58′. est au côté
connu *f. e.* de 520. pieds; ainsi
le sinus de l'angle *e.* de 90. deg.
qui est pour cela le sinus total,
est à *g. f.* Ensuite donc je cherche dans les tables premiere-

ment le logarithme du finus de
l'angle *g.* qui eft 99868310. Secondement le logarithme du
côté connu de 520. pieds, qui
eft 27160033. Troifiémement
le logarithme du finus de l'angle *e.* qui eft 100000000. &
ajoûtant ce dernier logarithme
au fecond, je fais 127160033.
dont je fouftrais le premier logarithme, afin d'avoir 27292523.
que je cherche dans les tables,
où je trouve vis-à-vis du nombre
qui en approche le plus 536. qui
eft le nombre des pieds du côté inconnu *g.f.*

Les tables qui fuivent font
faites par cette regle, & l'on y
marque la longueur de toutes
les lignes qui changent dans

chaque polygone, felon les diverfes mefures que l'on peut
donner au côté du polygone,
qu'on fuppofe marqué des lettres *b. f.* ; afin que ceux qui au-

XXCVII
Vtilité
des tables
fuivantes
pour les
fortifica-
tions irre-
gulieres.

ront à fortifier des places irregulieres & déja faites, y puiffent
trouver toutes les mefures dont
ils auront befoin , felon les diverfes longueurs des murailles
fu lefquelles il leur faudra ériger des baftions.

On y paffe le triangle, parceque ce n'eft pas une figure
propre à eftre regulierement
fortifiée comme on l'a déja dit
ailleurs.

TABLES

DES LIGNES,

qui , dans la methode generale que l'on donne icy , changent de lon-gueur , selon la diversité des Polygones.

PREMIERE TABLE.

Le côté (b. f.) estant de 130. toi-ses ou de 780. piés.

Les lign.
$$\left.\begin{array}{l} b.f. \\ f.h. \end{array}\right\} \text{ font de 130. piés}$$
e. f. de 520.
f. g. de 536. & elles ne changent point.

LES AUTRES LIGNES
changent, &

Dans le quarré.

i. e. eſt de   893. piés.

i. h. de   357.

b. i. de   306.

b. z. de   551.

Dans le Pentagone.

i. e. de   819.

i. h. de   283.

b. i. de   251.

b. z. de   663.

Dans l'Hexagone.

i. e. de   783.

i. h. de   247.

b. i. de   219.

b. z. de   780.

Dans l'Heptagone.

i. e. de   760.

i. b. de   224.

b. i. de   204.

b. z. de   904.

Dans l'Octogone.

i. e. de   747.

i. b. de   211.

b. i. de   196.

b. z. de   1020.

Dans l'Enneagone.

i. e. de   737

i. b. de   201.

b. i. de   190.

b. z. de   1141.

Dans le Decagone.

i. e. de   729.

i. b. de   193.

b. i. de   186.

b. z.   1262.

Dans l'Endecagone.

i. e. de   720.

i. b. de   184.

b. i. de   181.

b. z. de   1375.

Dans le Dodecagone.

i. e. de   718.

i. h. de   182.

b. i. de   180.

b. z de   507.

SECONDE TABLE.

Le côté (b. f.) estant de 140. toi-
ses ou de 840. piés.

Les lign.   b. f. }
            f. h. } font de 140. piés.

e. f. de 560.

f. g. de 577. & elles ne
changent point.

LES AUTRES LIGNES
changent , &

Dans le quarré.

i.	*e.*	est de	962. piés.
i.	*b.*	de	385.
b.	*i.*	de	330.
b.	*z.*	de	593.

Dans le Pentagone.

i.	*e.*	de	882.
i.	*b.*	de	305.
b.	*i.*	de	264.
b.	*z.*	de	715.

Dans l'Hexagone.

i.	*e.*	de	843.
i.	*b.*	de	266.
b.	*i.*	de	236.
b.	*z.*	de	840.

Dans l'Heptagone.

i.	*e.*	de	819.

i. h. de 242.

b. i. de 220.

b. z. de 970.

Dans l'Octogone.

i. e. de 805.

i. h. de 228.

b. i. de 211.

b. z. de 1097.

Dans l'Enneagone.

i. e. de 793.

i. h. de 216.

b. i. de 205.

b. z. de 1228.

Dans le Decagone.

i. e. de 786.

i. h. de 209.

b. i. de 200.

b. z. de 1359.

Dans l'Endecagone.

i. e. de 776.

i. h.

i.	*b.*	de	199.
b.	*i.*	de	195.
b.	*z.*	de	1495.

Dans le Dodecagone.

i.	*e.*	de	773.
i.	*b.*	de	196.
b.	*i.*	de	194.
b.	*z.*	de	1623.

On n'a mis que les piés entiers dans ces tables, parce-qu'on n'a pas jugé qu'il fût befoin d'une plus grande precifion.

On voit auffi que la ligne de défence du quarré, excede un peu dans la feconde table la portée ordinaire du moufquet ; mais on en a dit affez pour fçavoir corriger ce défaut dans ces fortes de fortifications, en cas que

K

l'on fût quelque-fois obligé de s'en fervir.

XXCVIII
Comme on peut faire les tables précedentes par le moyen du compas de proportion.

Si vous voulez fçavoir comment on peut faire toutes ces tables d'angles & de lignes ; par le moyen du compas de proportion : en voicy la pratique. On se fert des lignes des cordes pour trouver les angles, & de celles des parties égales, pour trouver les lignes & pour en déterminer la longueur. Par éxemple, aprés avoir tracé vos baftions, par la pratique generale que l'on en a donnée, fur le côté de l'Octo-gône ; vous voulez fçavoir la quantité du demy-angle flan-

* Voyez la figure qui fuit.

qué *a. k. g.* * dans ce polygone. Du point *k.* faites un fegment de cercle à difcretion, qui coupe

les deux lignes *k. a : k. g.*, &
transportez l'ouverture de vôtre
compas sur les deux points des
lignes des cordes marquez 60.
puis, en laissant vôtre compas
de proportion dans la disposi-
tion ou il l'aura fallu mettre,
pour faire cette premiere ope-
ration, prenez la distance qu'il
y a entre les deux points, ou le
segment de cercle, que vous
avez décrit d'abord, coupe les
deux lignes *k. a : k. g.* & transportez de nouveau cette distance sur les lignes des cordes de
vôtre compas de proportion ;
vous trouverez qu'elle tombe
sur le cinquante-troisiéme degré
28. minutes, qui est justement
la quantité de ce demy - angle

flanqué que vous cherchez. La
pratique eſt la même pour tous
les autres.

La longueur des lignes n'eſt
pas plus difficile à déterminer
par le moyen de ce même inſtrument. Car par éxemple, ſi
vous voulez avoir la longueur
de la ligne *a. k.*, c'eſt à dire de la
capitale de l'octogone ; aprés
avoir tracé vôtre figure comme
on l'a dit, par la pratique generale, il n'y a qu'à prendre avec
le compas la longueur d'une ligne, comme par exemple de
e. a. de 31. toiſes 4. piés, & la
tranſporter ſur pareil nombre
de parties égales du compas de
proportion (qui vaudront pour
lors des toiſes) puis tranſporter

fur les mêmes lignes des parties
égales la ligne *a. k.*, vous trouverez qu'elle tombera environ
quatre piés aprés la trente-deu-
siéme partie ; ainfi vous jugerez
que la ligne *a. k.* doit avoir 32.
toifes 4. piés, où , fi vous voulez 196. piés de longueur. Vous
trouverez la longueur de toutes
les autres lignes par la même
pratique.

Il eft avantageux, comme l'on
a dit de fçavoir la quantité de
tous ces angles , & la longueur
de toutes ces lignes dans toutes
fortes de polygones. Car premierement cela fert à juftifier
fon deffein & à rendre raifon
de ce que l'on fait. Secondement cela eft utile pour tracer

XXCIV.

*Il eft a-
vātageux
de connoî-
tre la grā
deur des
angles &
des lignes
dont il eft
fait men-
tion dans
les tables.*

K 3

son même deſſein ſur le terrain avec plus de facilité & avec plus de certitude. Troiſiémement cela eſt encore plus d'uſage pour les fortifications irregulieres.

Cela ſert à rendre raiſon de ſon deſſein & à le juſtifier, par-ce que, comme une des princi-pales maximes de l'art de forti-fier eſt qu'il n'y ait rien dans tou-te l'enceinte de la place qui ne ſoit parfaitement défendu, & que la principale & la plus ſeure défence ſe prend du mouſquet, qui ne porte gueres plus de 900. piés ou 180. pas de but en blanc; on doit faire voir que, dans les deſſeins que l'on fait, la ligne de défence n'excede point ce nombre de piés, & qu'elle n'eſt

point auſſi beaucoup au deſſous
de cette meſure. Ce que je dis
icy exprés, afin que vous pre-
niez garde que, comme dans
les 4. ou 5. derniers polygones
elle devient aſſez courte, vous
pouvez donner un plus grand
nombre de piés aux côtez de ces
ſortes de figures, ſans croître
pour cela le flanc ny la gorge
de vos baſtions, dont ce ſera
aſſez, comme l'on à dit, d'a-
longer les capitales, pour les
rendre moins obtus, & pour
leur donner dans la courtine
un ſecond flanc qui les défende.

Oû vous remarquerez s'il vous
plaît, que quoiqu'on deſire que
vous allongiez ces mêmes capitales, & que, dans toutes ſor-

tes de polygones, excepté dans le triangle, & dans le quarré, vous tiriez d'autres lignes de défence, que celle que l'on tire d'abord, par la pratique generale pour achever vôtre deſſein: on ne vous donnne cependant point de table ou la longueur de ces nouvelles lignes de défence, & la meſure des angles flanquez qu'elles produiſent, ſoit determinée, parce qu'on laiſſe à vôtre liberté de les tirer de quelque point que ce ſoit, pris ſur la courtine, & que quand vous en aurez choiſi un à diſcretion, vous poûrez vous même aiſement, par les regles que l'on a donné de la reſolution des triangles, trouver toutes ces

XCI.
Quelques raiſons pour leſquelles on ne donne point dãs les tables precedentes la meſure des lignes de défence qui ſervent à achever les deſſeins des fortifications.

choſes, puiſque vous connoî-
trez toûjours par les tables precedentes deux côtez & un angle, ou deux angles & un côté des triangles, que feront ces
nouvelles lignes de défence
qu'il vous faudra faire, avec celles que vous aurez d'abord tra-
cées, & dont nous avons donné les meſures. Par exemple,
ſuppoſons que vous ayez tracé
l'octogone, par la pratique generale, & que, pour faire le
demy-angle flancqué *a. k. f.*
moins obtus, vous ayez tiré
d'une quatriéme partie de la
courtine, une autre ligne de
défence *b. i.* differente de la
premiere *f. k.* vous voyez que
dans le triangle *f. g. b.* les cô-

XCII.
Comment
on la peut
connoître
par les
pratiques
preceden-
tes.

tez *f. g.* & *f. h.* vous font connus avec l'angle *f.* & par con-

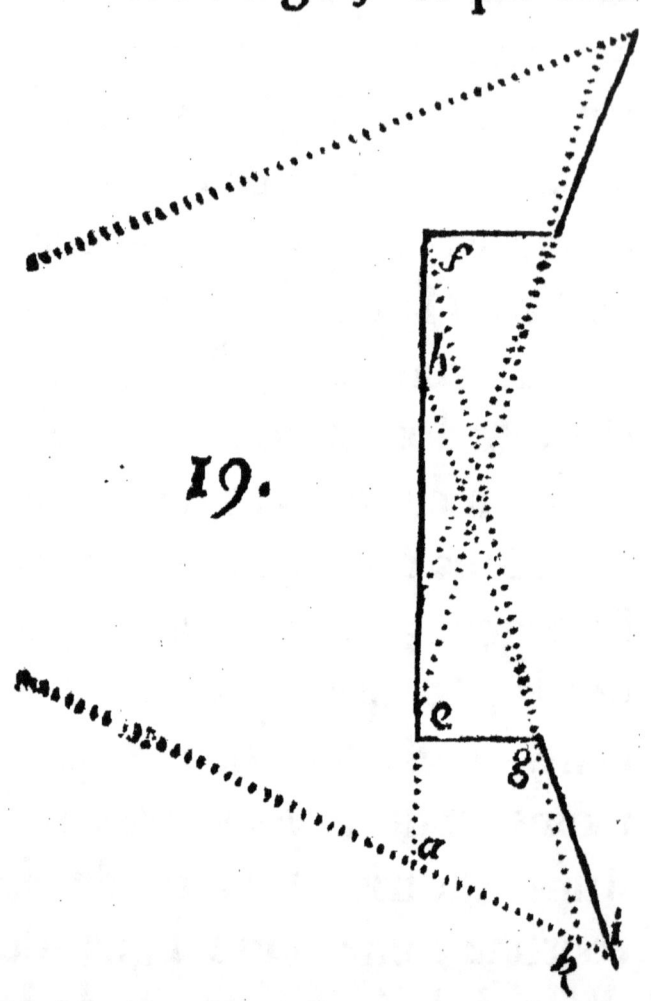

19.

fequent vous trouverez aife-
ment tout le refte.

Tout de même dans le trian-
gle *g. k. i.* le côté *g. k.* vous eſt
connu auſſi bien que l'angle *i.*
k. g. parce qu'il eſt de ſuite avec
l'angle *g. k. a.* que vous conoî-
ſez ; & pour ce qui eſt de l'angle *k. g. i.* il eſt égal à l'angle
f. g. h. * vous pourrez donc **1 ſprop.*
auſſi connoître tout le reſte ; & *du liu.*
c'eſt pour cela que i'ay dit, que *premier*
cete pratique generale ſert à *d'Euclid.*
juſtifier les deſſeins que l'on fait,
parce qu'eſtant toûjour con-
ſtante, elle donne moyen de
rendre raiſon de la longueur
de toutes les lignes, & de la
proportion de toutes les parties de ces mêmes deſſeins. Mais
apres tout il ne faut pas vous
inquieter, ni vous mettre en

XCIII.
Qu'il ne faut pas s'inquie- ter de la mesure de ces lignes, & qu'elle ne rendët pas cete pratique plus diffi- cile.

peine d'avoir les mesures de ces lignes ; vous devez tenir pour constant, que dans tous les polygones, en ne tirant ces nouvelles lignes de défence que par la quatriéme partie de la courtine, jamais la pointe de vos bastions, ne sera hors de la portée d'une juste défence, comme les intelligens le pourront verifier par les principes de la Geometrie que l'on à donnez, en supposant les mesures du flanc & de la courtine telle qu'on les a determinées dans la pratique generale; qui donne moyen de tracer ces lignes sur le terrain; sans qu'il soit necessaire d'en sçavoir les mesures, il ne faut que les tirer

par l'extremité du flanc & par
la quatriéme partie de la courtine aprés qu'on aura tracé par
la pratique generale le côté du
polygone, le flanc, & la ligne
capitale du baftion, & tout ira
bien.

Il fert en fecond lieu d'avoir
les mefures déterminées de toutes les lignes qui font marquées
dans les tables précedentes, pour
tracer plus facilement & plus
feurement fon plan fur le terrain, parce-qu'on ne peut pas
faire fur le papier un deffein
affez grand pour juger feurement, par le moyen d'une affez
grande échelle, de la longueur
précife de toutes ces mêmes lignes, qu'il faut cependant con-

XCIV.
On ne
peut faire
un des-
fein iufte,
ny le tra-
cer fur le
terrain ,
fans con-
noître la
grandeur
des angles
& des li-
gnes que
l'on a dit.

noître pour les tracer fur le terrain. La principale utilité de
l'échelle que l'on fait d'abord ,
avant de commencer fon deffein fur le papier, eft pour déterminer la longueur du côté
interieur du polygone ; mais
vous vous tromperiez fouvent
de plufieurs piés, fi vous vouliez
vous en fervir pour mefurer les
autres lignes: car outre la raifon
que l'on vient d'en apporter ,
quelque grandes que foient les
figures que l'on fait fur le papier,
on ne peut jamais les faire bien
exactes, & il eft aifé de fe tromper d'un demy-degré & d'avantage, ce qui rendroit les lignes
notablement plus longues ou
plus courtes qu'elles ne de-

vroient être. Il faut donc, pour
bien faire, en connoître la longueur par les regles de la Geometrie, qui ne vous expoferont
jamais à une erreur confiderable ; car elles ne pourront jamais vous tromper d'un demy-
pié fur quelque longueur que ce
foit. Ayant donc ces longueurs
déterminées, on n'eft pas obligé de chercher fcrupuleufement
& moins feurement avec le compas, les longueurs de toutes les
lignes qu'il faut tracer fur le terrain.

Mais il y a encore une autre
utilité dans les tables précedentes, pour le regard des fortifications irregulieres, comme on le
reconnoîtra par les regles que

XCV.
Cette con
noiffance
eft parti
culiere
ment ne·

ceſſaire
pour les
fortifica-
tions ir-
regulie-
res.

l'on en va donner. On n'a pas toûjours un lieu propre, ny tous les avantages que l'on pourroit ſouhaitter, pour faire des fortifications regulieres : une montagne, une riviere, ou quelqu'autre choſe, empéche ſouvent de donner à la place que l'on veut faire une figure reguliere ; outre que l'on eſt obligé quelque-fois de fortifier des places déja faites & qui ne peuvent ſe défendre, parce-qu'elles n'ont que de ſimples murailles à l'antique. C'eſt dans ces rencontres que paroît le jugement d'un ingenieur ; car il faut qu'il prenne ſi bien ſes meſures, qu'il évite tous les inconveniens, & qu'il obſerve éxactement, autant qu'il ſe peut faire

dans

dans ces fortes de polygones ir-
reguliers toutes les maximes que
l'on a expliquées, outre qu'il doit
avoir égard dans les places déja
faites à se servir des murailles
qu'il trouve déja bâties, pour
éviter la dépence d'en faire d'autres. Voicy en peu de mots les
principales regles qu'il doit observer.

Premierement il doit avoir
fait sur le papier le plan du polygone irregulier qu'il veut fortifier, si c'est une place qu'il
faille bâtir de nouveau, où si
c'est une ancienne place, il doit
en avoir pris le plan en la maniere qu'on le dira dans la suite,
afin d'avoir la figure & la longueur précise de tous les côtez

XCVI.
Regles
des forti-
fications
irregulie-
res.

L

du polygône irregulier qui en fait l'enceinte. Ensuite si tous ces côtez n'ont pas moins de cent, ny plus de 140. toises, il doit se servir de la même pratique que l'on a donnée pour les fortifications regulieres, en divisant chaque côté en 6. en tirant les flancs égaux à une sixiéme partie perpendiculairement sur les côtez, & les lignes de défence par les extremitez de ces flancs, pour avoir les faces de tous les bastions.

Que s'il arrivoit que quelqu'un des angles de la figure ou du polygone fût fort aigu ; comme par éxemple de 60. degrez, alors il ne faudroit donner à l'aîle du bastion, qui seroit sur cét angle

que la moitié de la sixiéme partie du côté du polygone, comme on l'a fait observer pour les
fortifications triangulaires, afin
que la pointe n'en fût pas trop
foible & trop aiguë. Si cét angle avoit plus de 60. degrez ; en
sorte nean - moins qu'il fût au
dessous de 90. il faudroit, à
proportion de sa grandeur, faire l'aîle du bastion plus grande que la moitié de la sixiéme
partie.

Il y auroit une autre pratique
à observer, si quelqu'un des côtez de la place avoit plus de 140.
toises de longueur ; car pour
lors il faudroit diviser ce côté
en deux, & faire un bastion plat
dans le milieu, qui flanquât les

deux baſtions des extremitez ;
où bien, ſi le lieu le permettoit,
& que ce côté fût aſſez grand
pour être pris pour la ſoûtendante de l'angle de quelqu'un des
polygones reguliers, on pourroit ériger deſſus, les côtez du
polygone dont il pourroit être
pris pour la ſoûtendante, & faire ſur ces côtez un baſtion à
l'ordinaire ; mais cela ſeroit de
grands frais, & même aſſez inutile, parce-que la défence ſeroit
auſſi bonne de l'autre façon ;
c'eſt pourquoy je ne mettray
point icy de nouvelle table pour
déterminer la longueur de ces
ſoûtendentes, pour tous les angles des differens polygones. Il
faut remarquer que le baſtion

plat ne défend pas les baftions entre lefquels on le met, fi les razantes de leurs faces n'aboutiffent au milieu de la courtine ; ainfi il eft fouvent befoin en mettant un baftion plat au milieu de deux autres, d'en allonger les faces.

Que fi un des côtez avoit beaucoup moins de cent où de quatre-vingt toifes, il faudroit allonger les deux cotez entre lefquels celuy-là fe trouveroit, pour faire un angle, fur lequel on feroit un baftion. S'il fe trouvoit dans la place un angle fort rentrant, il feroit bon de faire un rempart qui joignît les deux angles faillans qui feroient aux deux cotez du rentrant. Que

si on estoit genné par la disposi-
tion du lieu, & que les bastions
qu'on voudroit mettre sur les
angles saillans, fussent pour se
défendre suffisamment, il ne
faudroit rien faire d'avantage,
pourvû que l'angle rentrant ne
fût pas fort enfoncé. Si les bastions des angles saillans estoient
trop éloignez l'un de l'autre, il
faudroit faire sur l'angle rentrant un ravelin, qui servît à les
défendre.

On pourroit icy spécifier beaucoup d'autres cas particuliers,
qui demanderoient que l'on
multipliât ces regles; mais comme il n'est pas possible, d'en faire le dénombrement, parce-que
les figures irregulieres peuvent

varier en une infinité de façons,
il faut se contenter des principes
generaux que l'on en a donné,
en s'accoûtumant à en faire soy-
même l'application dans les di-
verses circonstances qui peuvent
se rencontrer; & c'est à quoy les
jeunes gens se doivent le plus
exercer, en se proposant à eux
mêmes des figures fort irregulieres, pour les fortifier en differentes manieres, qu'ils puissent
comparer les unes avec les autres, afin de juger de celle qui
sera la meilleure, considerant les
avantages & les incommoditez
qui s'y rencontrent, & consul-
tant ceux qui seroient plus exer-
cez & plus sçavans qu'eux; car
il est constant que cét exercice

XCVII. Avis pour les fortifica-tions ir-regulie-res.

leur profitera beaucoup, & qu'il suppléera au défaut des regles particulieres, que l'on seroit obligé de multiplier à l'infiny.

Aprés avoir appris à faire des plans, il faut apprendre à faire les profils, ce qui n'est pas fort difficile ; car la simple vûë du profil de toutes les parties de la muraille & du fossé que l'on a representées dans la seconde figure, peut instruire suffisamment de la maniere de les faire, sans qu'il soit besoin d'autres préceptes. Il ne faut que specifier la hauteur de toutes ces parties, que le profil doit represen-ter, comme on a specifié leur largeur pour en faire les plans.

On donne donc au rempart

5. où 6. toiſes de hauteur, depuis le fond du foſſé juſqu'au terre-plain, & le parapet a 5. ou 6. piés en dedans, en comprenant la banquete d'un pié & demy.

IC.
Hauteur du ram-part & des para-pets.

Tous les autres parapets ſont de la même hauteur, excepté ce luy du chemin des rondes, qui pourroit être tant-ſoit-peu plus bas.

Pour trouver la pente du gla-cis de tous ces parapets & leur hauteur en dehors, il faut tirer une ligne du bord interieur du parapet de la muraille, juſqu'au lieu le plus proche qu'ils ont à défendre, qui eſt le chemin couvert.

C.
Comme on trouve l'inclina-tion de leurs ſur-faces de deſſus.

Il y a dequoy douter s'il eſt expédient de faire les murailles

fort hautes ; car plus elles font
baffes , plus on peut les efcha-
lader aifément , & auffi plus elles font hautes, plus elles donnent de prife au canon , & plus
elles font foibles ; parce-que plus
le boulet donne loin du pié de
la muraille , & plus il a de force
pour l'ébranler , felon les regles
de la Statique , felon lefquelles
à l'égard de la force qui les
ébranle, elles doivent être con-
fiderées comme un levier, dont
le centre eft au pié, comme on
l'a dit cy-deffus ; & c'eft par cette
raifon là même que les tours les
plus élevées font plus foibles, &
refiftent moins au vent. Non-
obftant cela je fuis pour les hautes murailles ; parce-que lors

qu'elles font bien terraſsées, elles ne font plus ſujettes aux loix
du levier, & il n'y a proprement
que les ſimples murailles qui ne
ſont point ſoûtenuës d'eſperons
& de terraſſes, qu'on doit conſiderer des leviers dont le centre eſt au pié.

C I.
Les mu-
railles
doivent
être les
plus hau-
tes que
l'on peut.

Il ne faut pas auſſi qu'elles
ſoient ſi exceſſivement hautes,
qu'on ſoit obligé d'affoiblir par
trop les parapets, par la trop
grande pente qu'il faudroit donner à leurs ſurfaces de deſſus,
afin de les rendre capables de
défendre le chemin couvert.

Pour ce qui eſt de la largeur du
foſsé, que l'on a déja détermi-
née, quelques-uns doutent s'il
faut qu'elle ſoit fort grande.

C II.
Les foſ-
ſez les
plus lar-
ges & les

plus pro-
fonds sont
les meil-
leurs.

Tout le monde convient que les foffez les plus profonds font les meilleurs ; mais le Comte de Pagan , entr'autres, ne veut pas qu'ils foient fort larges, & la plus grande largeur qu'il leur donne eft feulement de 16. toifes ; parce qu'il dit que, s'ils eftoient plus larges, la contrebaterie des affiégeans auroit trop de front fur la contrefcarpe, & incommoderoit d'avantage le flanc oppofé. Cette raifon peut avoir lieu dans la methode qu'il fuit ; car

CIII.
Défaut
de la me-
thode du
Comte de
Pagan.

en effet, s'il y a quelque défaut confiderable dans cette methode, c'eft, comme l'on a dit, qu'il expofe directement les flancs de fes baftions à cette contrebaterie : mais, comme les autres auteurs les mettent à couvert autant qu'ils peuvent, & que selon la methode que nous suivons, ces flancs ne luy sont pas opposez directement, & que d'autant plus que le fossé est large, d'autant plus aussi, les coups tombent obliquement sur les mêmes flancs, comme il est aisé de le concevoir, il ne faut pas se mettre en peine de cette raison du Comte de Pagan, mais observer, sans scrupule, la mesure que l'on a donnée pour la largeur du fossé; dans le dessein que l'on fera du profil des fortifications de la place, où cette largeur doit être marquée.

Il ne reste plus qu'a vous dire quelque chose de la troisiéme.

façon de deſſein, dont on a coutume de ſe ſervir, pour repreſenter la figure que font exterieurement les ſurfaces des murs, & des autres parties d'une place fortifiée, que l'on appelle communement la *Scenographie* de la même place , par-ce qu'on y repreſente la figure que font ces ſurfaces, par le moyen des ombres & des jours.

CIV.
Ce que c'eſt que Scenographie.

C'eſt une ſorte de perſpective, où l'on n'en garde point les loix , parce-qu'en effet il n'y a pas de point déterminé pour l'œil, que l'on appelle ordinairement le point de vûe ; & les lignes qui ſont paralleles à l'horizon ne vont pas aboutir à ce point, comme dans la perſpe-

&ctive ordinaire. Les verticales ne s'y racourciſſent pas non plus, mais elles ſont toutes de même longueur. On n'appelle pas auſſi cette façon de repreſenter les places du nom ſimple de perſpective ; mais pour la diſtinguer, on l'appelle ordinairement *Perſpective militaire*, parce-qu'on ne s'en ſert communément que dans les deſſeins de fortifications, quand on veut repreſenter tout enſemble, dans un deſſein complet, le plan & l'élevation de tous les ouvrages.

CV.
Que ce n'eſt pas une perſpective reguliere.

Il eſt donc aiſé de mettre cette façon de perſpective en uſage, parce-qu'il n'y a preſque aucunes regles auſquelles on ſe doive aſtraindre, & que celles que

l'on en donne communément
font faciles. Cependant je crois
qu'on peut y reformer quelque
chofe pour les rendre encore
plus aisées & moins embarraf-
fantes : car comme on doit, felon
ces regles, ériger fur le plan de
la place les perpendiculaires qui
en doivent faire l'élevation ; cela fait que plufieurs de ces lignes
fe confondent les unes avec les
autres, & que l'on connoît mal-
aifément celles que l'on doit ef-
facer, & qui ne doivent point
paroître en effet felon cette methode. En voicy donc une plus
courte & plus facile, qui eft fondée fur une maxime toute contraire : car au lieu d'élever les
perpendiculaires fur le plan ,
comme

CVI.
*Les re-
gles que
l'on en
donne
font em-
barraf-
fantes.*

CVII.
*La meil-
leure ma-
niere de
pratiquer
cette forte
de perfpe-
ctive.*

comme en la premiere methode, il faut les tirer en deſſous,
en ſorte que le plan, changeant
de nature, ſoit pris pour la ſur-
face ſuperieure des ouvrages. Il
n'y a point d'autres regles à
obſerver, & cette pratique eſt
ſi facile, qu'un ſeul exemple
vous rendra capable de tracer
toutes ſortes d'autres deſſeins de
cette nature.

 Suppoſons donc qu'il vous
faille repreſenter, en cette maniere de perſpective, une place
en quarré, comme une redou-
te, ou un cavalier dont vous
avez le plan *a. b. c. d : e. f. g. h.*
vous n'avez qu'à tirer en deſſous
les lignes *c. i. d. k.* qui marquent la hauteur de la muraille;

*CVIII.
Exem-
ple de cet
te manie-
re.*

M

& en dedans du plan, tracer

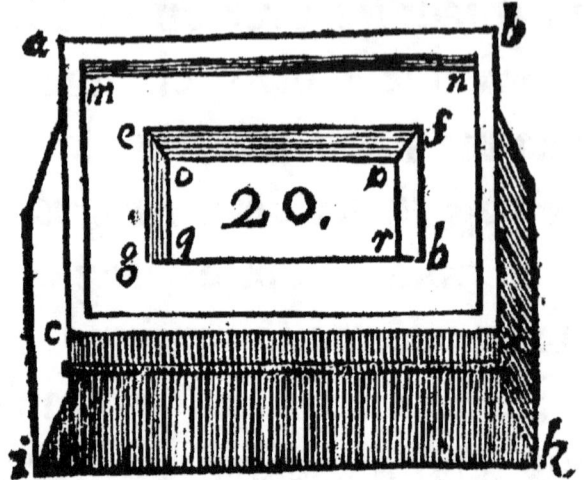

la parallele *m. n.* pour le parapet, & *o. p. q. r.* pour le talud du terreplain, & tout sera fait. Car en ombrant, comme vous voyez que l'on a fait cette figure, vous verrez qu'elle representera une place quarrée, dont les lignes qui en marquoient auparavant le plan, marqueront les surfaces superieures des murailles.

L'experience & l'usage vous
apprendront, que lors qu'on veut
mettre quelque chose en persp-
pective de cette façon, il ne faut
pas faire un plan complet, &
qu'il faut sur tout omettre d'y
marquer les lignes qui repre- *C IX.*
sentent la largeur des taluds; *Avis im-*
portant
par ce qu'on a dit que le plan, *pour cette*
dans la methode que l'on vient *pratique*
& sa iu-
de donner, doit comme char- *stifica-*
ger de nature, en sorte qu'il *tion.*
puisse estre pris pour la surface
superieure des ouvrages; Or est-
il que ces lignes qui represen-
tent les taluds, n'ont pas d'autres lignes, sur la surface des
ouvrages, qui leur correspon-
dent, comme en ont toutes
les autres qui sont marquées

dans les plans, lesquelles on
peut, pour cette raison, prendre pour celles qui terminent
effectivement ces surfaces.

Selon l'autre methode il faudroit ériger des perpendiculaires sur le plan, comme en la
figure suivante, où vous voyez
un embarras de lignes qui s'en-

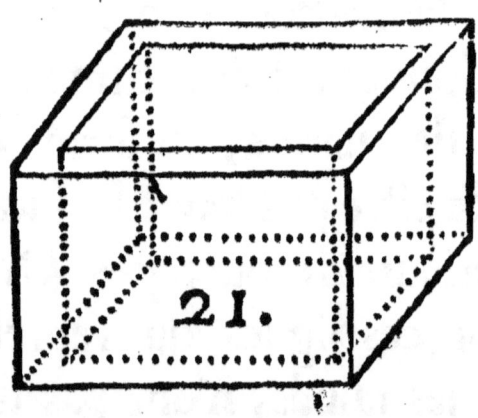

21.

trecoupent, & dont les unes,
qui sont ponctuées, doivent être
effacées, & ne point paroître,
& les autres demeurer comme

elles font ; mais il faut bien du
difcernement pour voir celles
que l'on doit laiffer. La feconde
methode eft bien plus nette, &
on a bien plûtoft fait de s'en fervir ; cela fe fait fans peine, & fi
vous voulez, en tirant fept ou

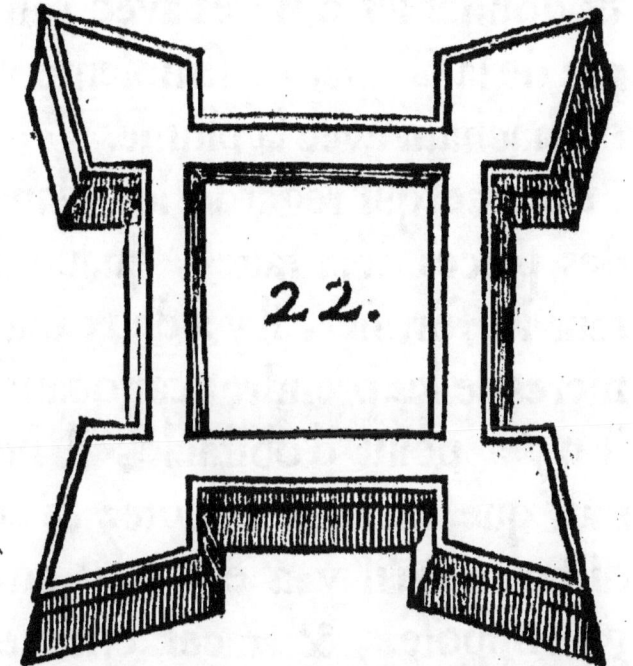

huit lignes, au deffous d'un plan
de fortification , comme on a

fait icy, vous en aurez en un inftant toute la Scenographie.

Il feroit bon pourtant, pour faire plus facilement ces fortes de deffeins, d'avoir appris quelque tems à deffiner chez un bon Maître, & de fçavoir auffi laver & donner les ombres avec l'ancre de la Chine, où fimplement en hachant avec la plume.

Pour ce qui regarde les plans des places déja faites, quand il faut les fortifier, il y a deux manieres de les prendre; car quand il n'y a point d'obftacle, il ne faut que mefurer les côtez & la diftance qu'il y a entre les angles oppofez, & tracer enfuite fur vôtre papier par le moyen du compas de proportion, où

C X. Deux manieres de prendre le plan d'une place.

par le moyen d'une échelle, que
vous ferez pour ce fujet, une figure dont tous les côtez foient
homologues aux côtez de la place,& aux diftances que vous aurez trouvées entre les angles oppofez , comme on vient de le
dire.

Par éxemple , s'il falloit pren-

C X I.
Premiere
maniere.

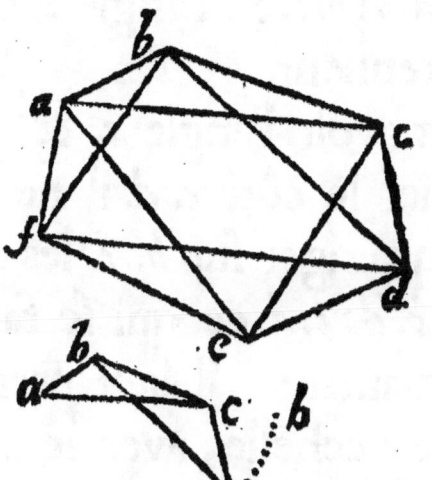

23.

dre le plan de la place *a. b. c. d. e.*

f. il faudroit mesurer les côtez *a. b* : *b. c.* & la distance *a. c.* pour avoir la soûtendante de l'angle *b.* car en marquant sur vôtre papier cette soûtendante, & érigeant dessus deux lignes de la mesure des deux côtez *a. b* : *b. c.* c'est à dire qui leur fussent homologues, vous auriez les deux côtez *a. b* : *b. c.* & l'angle *b.* qu'ils comprennent.

Pour avoir l'angle *c.* & pour marquer le côté *c. d.* il ne faudroit qu'ériger sur *b. c.* les deux lignes *b. d* : *c. d.* ce qui se fait en cette maniere. Il faut prendre sur vôtre échelle, avec le compas, la longueur de *b. d.* qu'on suppose que vous ayez trouvée, & appliquant la pointe sur *b.*

tracer le fegment de cercle *g. h.*
enfuite il faut prendre fur la même échelle la longueur de *c. d.* &
la porter depuis le point *c.* jufque
fur le cercle ; puis juftement du
point où elle rencontre le cercle tirer *b. d.* Pour avoir les autres angles, & tout le tour de la
place , il faut faire toûjours la
même chofe , en vous fervant
du côté que vous aurez tracé le
dernier, pour trouver les autres
cotez & les angles qu'ils comprennent.

Il y a une autre maniere pour
faire ces fortes de plans, quand
on ne peut pas mefurer la diftance d'angle en angle, & avoir
les foûtendantes : car comme ce
font ces foûtendantes qui don-

nent les angles que font les côtez, & que fans ces angles on
ne peut rien faire ; on eſt obligé de meſurer ces mêmes angles, comme on meſure les côtez, ce qui ſe fait avec le quart
de-nonante en cette maniere.
On applique un des côtez de
cet inſtrument contre une regle,
que l'on couche horizontale-
ment le long d'une des murailles qui fait le coin, ou l'angle
que l'on veut meſurer, & l'on
remuë l'alidade, ou la regle mobile qui eſt deſſus, juſqu'à ce
qu'elle devienne parallele à l'autre muraille ; puis on conte
combien de degrez ſont com-
pris entre cette alidade, & le
côté du quart-de-nonante ap-

CXII.
Seconde
maniere.

pliqué contre la regle, & le nombre de ces degrez est la quàntité de l'angle que font les deux murailles.

Si cét angle estoit obtus il faudroit vous servir du demy-cercle au lieu du quart-de-nonante, pour en mesurer la quantité ; mais il seroit à propos que ce demy-cercle, qui est toûjours plus d'usage que le quart-de-nonante, fût grand, pour être moins en danger de se tromper. Ceux qui voudront s'exercer à tracer des fortifications sur le terrain, devront être munis d'un de ces instrumens, qui ait deux ou trois piés de diametre, fait d'un bois solide comme le cormier ou le poirier, qui soit bien sec & qui

CXIII.
Quels instrumens sont necessaires pour tracer les fortificatiõs sur le terrain.

ne fe déjette point. On pourra
y faire attacher une lame de cuivre fur laquelle foient gravez les
degrez du demy-cercle : mais
fur tout il feroit à propos que le
clou du centre au tour duquel
tourne la regle mobile, fût large & percé dans le milieu, pour
l'ufage que nous allons dire ; car
j'ay jugé à propos, avant de finir
ce traité, de vous marquer en
particulier comment il faut fe
fervir adroitement du cordeau,
pour tranfporter fur le terrain
les deffeins de fortification, que
vous auriez fait auparavant fur
le papier.

Ce fera quelque-fois une cita-
delle & une place reguliere qu'il
faudra tracer, & vous aurez la

liberté de commencer par où vous voudrez. Quelque-fois auſſi ce ſeront des Villes déja faites qu'il faudra fortifier irregulierement, & vous n'aurez pas la liberté d'eſtendre le cordeau juſqu'au centre de vôtre polygone. Quand vous ſerez libre de toutes ſortes d'empeſchemens, il ſera bon de commencer par chercher le centre de la place, & en ce cas, voicy comme il faut s'y prendre.

Il faut avoir une chaine de fer, ou d'autre matiere, qui ne ſoit pas fort groſſe, mais legere & propre à meſurer, de la longueur de cinq à ſix toiſes; puis, ayant tiré une ligne & bandé un cordeau qui marque l'un des côtez de vôtre polygone, que vous voudrez qui soit tourné vers quelque endroit déterminé (car il y a toûjours quelque chose qui détermine à tourner vers un certain endroit un angle où un côté de la place) prenez sur le cordeau 130. ou 140. toises, selon que vous aurez choisi l'un de ces deux nombres, pour la grandeur des cotez de vôtre polygone ; & puis, après avoir planté un piquet au bout de ce cordeau, où se termine l'un de ces deux nombres ; enfoncez un gros & long clou sans teste dans le milieu de la teste de ce piquet, & faisant passer vôtre cordeau par derriere ce clou, pour le conduire vers

CXIV.
Comment il s'en faut servir pour tracer les places avec le cordeau.

le centre de la place ; prenez vo-
tre demy - cercle : mettez la regle fur le degré du demy-angle
de la circonference de vôtre polygone ; par éxemple fur le cin-
quante - quatriéme degré, pour
le pentagone ; & faifant paffer
le clou du piquet par le trou du
centre de vôtre inftrument, couchez l'un de fes côtez le long du
cordeau, fur lequel vous aurez
pris la mefure de l'un des côtez
de vôtre place, & faites conduire l'autre tout le long de la
regle mobile arreftée fur le 54.
degré ; ce cordeau paffera ne-
ceffairement par le centre de la
place : c'eft pourquoy aprés l'a-
voir fait conduire un peu au delà
du lieu où vous jugerez que le

centre fe doit rencontrer, faites
planter un piquet pour l'arrefter;
& avec vôtre chaîne prenez def-
fus la longueur du demy-diametre de vôtre polygone, qui eft
par éxemple de 663. piés pour
le pentagone, quand le côté eft
de 130. toifes feulement. Cela
fait, faites planter un piquet à
cette diftance; il fe trouvera juftement au centre de la place, &
il vous fera enfuite fort aifé de
la tracer toute entiere.

Arreftez la regle de vôtre inftrument fur le degré qui eft
marqué dans la table précedente pour la quantité de l'angle du
centre de châque polygone; par
éxemple fur le 72. pour le pentagone & en faifant paffer le
clou

clou de la teſte de vôtre piquet
planté au centre de vôtre place ,
par le trou du centre de vôtre
inſtrument, couchez en l'un des
côtez le long du cordeau ſur lequel vous avez pris la longueur
du demy-diametre de la place ,
& faites tirer un autre cordeau
le long de la regle de vôtre inſtrument ; ces deux cordeaux feront un des angles du centre de
vôtre polygone,& vous en don-
neront un des côtez : il ne faudra que tourner vôtre inſtrument au tour du clou du piquet,
pour avoir ſucceſſivement tous
les autres.

Si vous ne vouliez point vous
ſervir de cordeau & que le lieu
même ne vous le permît pas ,

CXV.
Comment
on le peut
ſans cor-
deau.

N

pour eftre inégal, il faudroit regarder par les deux pinules qui feront attachées fur la regle mobile de vôtre inftrument, & faire planter des piquets, ou ficher des hallebardes, comme on le fait fouvent à l'armée, dans l'alignement de ces deux pinules; & fi l'inégalité du lieu eftoit grande, il faudroit, au lieu d'un piquet, faire enfoncer un pau affez gros au centre de la place, & le laiffer hors de terre plus ou moins élevé, felon l'inégalité du lieu où vous auriez à prendre vos mefures, & à tracer vôtre deffein.

Aprés avoir marqué les diametres & les côtez de vôtre polygone par les précedentes pra-

tiques, voicy comme il faut tracer les baftions : prenez fur l'un
des côtez de vôtre polygone en
commençant depuis l'angle ;

CXVI.
Comment
il faut tra
cer les ba-
ftions.

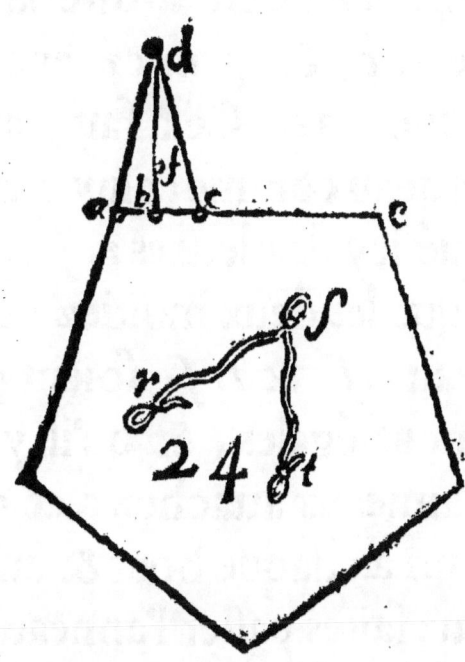

comme par éxemple icy depuis
l'angle marqué *a*, 130. piés, qui
font la fixiéme partie du côté du
polygone, quand il n'a que 130.
toifes : puis plantez un piquet à

N 2

cette diſtance du point *a*, c'eſt à dire par éxemple en *b*. Enſuite prenez ſur le même côté du polygone une égale diſtance à la diſtance *a. b* ; c'eſt à dire la diſtance *b. c*, & plantez encore un piquet en *c*. Cela fait, ayez un cordeau comme celuy qui eſt marqué icy des lettres *r. ſ. t.* en ſorte que les deux moitiez de ce cordeau *r. ſ*, & *t. ſ*, ſoient parfaitement égales, & qu'il y ait trois anneaux attachez à ce cordeau un à chaque bout & un au milieu : faites paſſer l'anneau du bout *r.* dans le clou du piquet *a*. & l'autre anneau marqué *t.* dans le clou du piquet *c* ; puis mettant le doit dans l'anneau du milieu marqué *ſ.* bandez ce cordeau &

plantez un piquet en *d*, faisant
entrer le clou de la teste de ce
piquet dans l'anneau *f* : enfin tirez un cordeau par *b. d* ; il cou-
pera le côté du polygone *a. e.* à
angles droits ; & vous n'aurez
qu'à prendre dessus , depuis *b.*
jusqu'à *f.* 130. piés ; car le piquet
f. planté à cette distance de *b,*
marquera le point où se doit terminer l e flanc de l'un des bastions, & vous aurez tous les autres en faisant la même chose
tout au tour de vôtre polygone
sur les deux extremitez de chacun des côtez ; ensuite dequoy
il sera fort aisé d'en tracer les faces ; car il n'y aura qu'à bander
des cordeaux , qui passent par
l'extremité des flancs que vous

aurez marquez, & le point de
la courtine que vous aurez déterminé dans vôtre deſſein , &
d'où vous voudrez que partent
les lignes de défence , qu'il faudra toutes meſurer aprés avoir
bandé les cordeaux, de peur de
vous tromper.

Si c'eſtoient des fortifications
irregulieres que vous euſſiez à
tracer ; il ne faudroit pas vous
mettre en peine de chercher les
centres des differents polygones
dont vous vous ſerviriez pour
lors, ſelon les differents endroits
que vous auriez à fortifier ; mais
ce ſeroit aſſez, aprés en avoir tracé les côtez & planté des piquets
au bout, de prendre avec le demy-cercle le demy-angle de leur

circonference, pour tracer par leur moyen les capitales de vos baftions, que vous traceriez enfuite le plus facilement du monde par la même pratique que l'on vient d'en donner, pour les fortifications regulieres.

Je ne puis obmettre icy deux pratiques differentes de celles que j'ay déja données, pour prendre le plan des places ; la premiere fuppofe qu'on en puiffe approcher comme cy-deffus, & la feconde qu'on ne le puiffe pas. Voicy la premiere. On a une affez grande bouffole où il y a un cercle divisé en 360 degrez, au milieu duquel eft l'éguille aymantée. On applique cette bouffole contre les murail-

CXVII.
Deux autres manieres de prendre le plan des places.

CXVIII.
Premiere
maniere
de le pren
dre quãd
on en peut
appro-
cher.

les de la place , & aprés avoir remarqué le degré du cercle fur lequel tombe l'éguille à chacun des pans des mêmes murailles , c'eſt à dire à chacun des côtez de la place , on meſure exactement ces mêmes côtez. Enfin aprés avoir attaché ſon papier ſur une table immobile , on met la bouſole deſſus , & ayant fait tomber l'éguille ſur le degré qu'on a trouvé au premier côté que l'on a meſuré , on tire une ligne tout le long de la bouſſole, & on luy donne en piés racourcis la même longueur qu'à ce côté. On en fait autant pour tous les autres , & on a de cette façon toute l'enceinte de la place.

La feconde maniere de prendre les plans des places , quand
on n'en peut approcher, fe pratique ainfi. On choifit 3. ou 4.
endroits, dont on puiffe décou-
vrir tous les angles que font les
murailles, & on fe met d'abord
en l'un de ces endroits, où, par
le moyen du demy-cercle &
d'une regle mobile, qui eft def-
fus avec fes pinules, on remarque les ang'es que font toutes les
lignes, qui vont aux angles de la
place, avec la ligne qui va du
premier endroit où l'on s'eft
placé au fecond. On va enfuite
fe placer au fecond endroit, &
on remarque de la même façon
les angles que font ces mêmes
lignes, dont je viens de parler,

CXIX.
Seconde
maniere
de le pren
dre quãd
on n'en
peut pas
appro-
cher.

avec la ligne qui va de ce second endroit au premier & au troisié-me. On va par aprés au troisié-me, où l'on fait la même chofe, & puis aprés avoir remarqué tous ces angles & en avoir mar-qué la quantité fur des tablettes, on les décrit fur fon papier, par des lignes, qui marquent les an-gles de la place aux points où el-les fe croifent. Ainfi on n'a qu'à joindre tous ces points par d'au-tres lignes & l'on a le plan exact de la place.

F I N.

TABLE

ALPHABETIQUE DE CE
qui est contenu dans ce traité.

Les chyfres marquent les additions qui font aux marges du Livre.

Aîle ou flanc du Bastion.

Bastion.

Cavalier.

Compas de proportion.

Défence.

Plan.

Plan.

Polygone.

O

Profil.

Quarré.

Quart-de-cercle.

Rampart.

Reduction.

Scenographie.

Sinus.

Table.

Terreplain.

Triangle.

EXTRAIT DV PRIVILEGE
du Roy.

PAR Lettres Patentes du Roy, données à S. Germain en Laye le 20. jour d'Octobre 1679. signées DE LA BAUNE, & scellées du grand sceau de cire jaune, il est permis au R. P. PIERRE ANGO, Religieux de la Compagnie de Jesus, de faire Imprimer quatre petits Traitez de Mathematique qu'il a composez, dont le premier est de la *Pratique generale des Fortifications, pour les tracer sur le papier & sur le terrain, sans avoir égard à aucune methode particuliere*, & les trois autres d'Optique. Qui sont, l'un *du mouvement d'Ondulation*, l'autre *de l'Optique*, & le troisiéme *de la Dioptrique* ; & ce durant l'espace de six années consecutives : Avec défences à toutes personnes, de quelque qualité qu'elles soient, d'Imprimer ou faire Imprimer lesdits Traitez sans le consentement dudit Pere, sous les peines portées par lesdites Lettres.

Ledit P. ANGO, a cedé son Privilege cy-dessus, pour le premier Traité seulement, qui est de *la Pratique generale des Fortifications*, &c. à CLAUDE VERNOY, Imprimeur du Roy, & Marchand Libraire à Moulins.

Achevé d'Imprimer pour la premiere fois le 26. d'Octob. 1679. Les Exemplaires ont esté fournis.

www.ingramcontent.com/pod-product-compliance
Lightning Source LLC
Chambersburg PA
CBHW051244050726
47594CB00001B/305